Inácio Ciê Gomes

DIREITO EM REFLEXÃO
O Estado brasileiro e seus privilégios legais

2024

O silêncio do injustiçado não significa concordância e sim prudência.
(Jota Muniz)

A verdadeira igualdade consiste em tratar de forma desigual os desiguais.
(Montesquieu)

Nenhuma lei apareceu no mundo jurídico para ser perene e imutável.
(Antônio do Rego Monteiro)

DEDICATÓRIA

Dedicamos o exposto trabalho, acima de tudo, a Deus, que nos proporcionou fé, coragem e perseverança, e a partir de tudo isso, podermos alcançar o nosso objetivo.

Assim também, a todos quantos direta ou indiretamente contribuíram para o êxito pretendido, especialmente minha querida mãe, esposa e filhos.

APRESENTAÇÃO

A finalidade do exposto trabalho consiste numa rápida reflexão a respeito das benesses normativas atribuídas aos órgãos governamentais pela legislação em vigor.

No entanto, antes de tecermos quaisquer comentários a respeito de certos privilégios do Estado, estabelecidos por lei, entendemos ser oportuno fazer uma reflexão a respeito do Estado em si, considerando que o mesmo, no exercício de suas funções típicas e atípicas, denominadas de Executiva, Legislativa e Judiciária, é de certa forma responsável pelas disparidades que provoca na relação com os cidadãos, quando da concessão de privilégios diferenciados pela legislação pátria, e que, de alguma forma favorecem o poder, chegando a colidir com os direitos constitucionais de igualdade inerentes a todas as pessoas, quer físicas ou jurídicas, públicas ou privadas.

A reflexão ora se faz inicialmente sobre o Estado, longe está de cogitar-se da compreensão de sua origem, conceito e finalidade, de maneira aprofundada, sendo certo que nos limitaremos a demonstrar tão somente as diversas concepções do fenômeno estatal sob o ponto de vista jurídico e sociológico. Pelo que neste último aspecto verificaremos que, na concepção dos renomados autores estudados, o Estado é por si mesmo um ente opressor, fazendo parte da sua essência o poder da força, ainda que não raras vezes se sobrepondo ao direito.

Na verdade, é consente entre os doutrinadores que o Estado é um ente criador das normas jurídicas regedoras da vida social, e por essa razão delas se tem valido para impor a sua vontade e assegurar um cabedal de privilégios normativos, em detrimento do interesse do cidadão.

A nossa preocupação, em tão sintético trabalho, fulcrado no pensamento político-sociológico, restringe-se à demonstração de que o fenômeno Estado já nasceu opressor, sendo uma elaboração dos mais fortes com o fim de preservar o poder ou a manutenção de uma classe politicamente superior e economicamente mais robusta, monopolizadora do sistema político e econômico.

Portanto, a criação estatal, pese a sua importância na vida moderna e contemporânea, foi uma obra prima edificada para a manutenção, por séculos, de uma elite no comando do poder, sendo essa a finalidade da criação do Estado.

O rótulo de opressor dado ao Estado tomou corpo durante o absolutismo monárquico, fato que redundou no êxito da Revolução Francesa de 1789. E desse modo, com o término dos acontecimentos revolucionários ocorridos na França, a organização política estatal tomou rumos distintos, passando então a autodefinir-se de protetor do cidadão.

Não se pode negar que os princípios da liberdade e da igualdade adotados pelas democracias modernas nas suas cartas políticas floresceram com o movimento revolucionário ocorrido na França naquele final de século XVIII.

Do advento da Revolução Francesa para cá, apesar do insistente esforço em busca do aperfeiçoamento do sistema democrático pelos Estados modernos, no andar dos séculos, ainda assim, no início deste terceiro milênio impossível afirmar que o Estado deixou de ser opressor dos mais fracos – os cidadãos.

Ora, como é cediço, o Estado tem negado aos cidadãos, de um modo geral, direitos fundamentais inarredáveis do ponto de vista humano, reconhecidos por quase todas as constituições do mundo ocidental. Isso sem se falar de regimes totalitários de esquerda e de direita ainda presentes na atualidade em algumas sociedades.

De acreditar, contudo, e essa é a visão dos que detêm um pensamento plúrimo no âmbito das ditas democracias modernas, que somente com a construção de Estados verdadeiramente democráticos, assentados no Estado de Direito, é que poderemos assegurar a todos os direitos e garantias fundamentais por meio dos aparelhos estatais.

Somente os Estados democráticos de direito, na sua mais elementar essência e plenitude, poderão possibilitar a participação dos indivíduos no exercício do poder, de forma transparente e tolerável, como forma de consagração dos direitos de cidadania, e desse modo, poderão envidar uma sociedade mais justa ou mais equânime.

De ressaltar que em perseguição ao objetivo de nossa pesquisa, buscamos respaldo teórico na literatura jurídica nacional, pelo que nos debruçamos ao profícuo estudo das obras lavradas pelos doutrinadores Darcy Azambuja, Paulo Bonavides, José Afonso da Silva, Sahid Maluf, Sylvio Mota e William Douglas, Hely Lopes Meirelles, José Cretella Júnior, Maria Sylvia Zanella Di Pietro, Celso Ribeiro Bastos, Leonardo José Carneiro da Cunha, Antonio Carlos de Araújo Cintra, Ada Pellegrini Grinover e Cândido R. Dinamarco, Celso Antonio Bandeira de Melo, Paulo Henrique dos Santos Lucon, Paulo Lúcio Nogueira, Alexandre de Moraes e Cândido Furtado Maia Neto e outros ilustrados mestres do direito.

Em arremate, diga-se que o intuito do presente estudo se restringe, portanto, à contribuição com o debate sobre a legitimidade de algumas concessões legais, de natureza processual ou não, atribuídas ao Estado, representado pela Fazenda Pública, que, indubitavelmente, por via oblíqua prejudicam o cidadão, sendo intoleráveis e inadmissíveis na contemporaneidade.

Com as ressalvas à aceitação das ideias de todos quantos pensam em contrário.

SUMÁRIO

TERCEIRA PARTE

O ESTADO DEMOCRÁTICO DE DIREITO

QUARTA PARTE

OS PRAZOS DA FAZENDA PÚBLICA E SUA TRANSGRESSÃO AO PRINCÍPIO CONSTITUCIONAL DA ISONOMIA

CAPÍTULO – XI: AS PRERROGATIVAS DA FAZENDA PÚBLICA NA LEGISLAÇÃO BRASILEIRA, 85

INTRODUÇÃO

A Constituição Brasileira, promulgada em 5 de outubro de 1988, preceitua no seu artigo 1º que a a República Federativa do Brasil se constitui em **Estado Democrático de Direito**, e no parágrafo único desse mesmo artigo está consignado que **todo o poder emana do povo, que o exerce por meio de representantes eleitos ou diretamente**.

O preceito constitucional retro, deixa evidente que o respeito aos direitos de participação direta ou indireta dos cidadãos pátrios no exercício do poder, devem ser assegurados pelo Estado, através dos seus poderes constituídos – Executivo, Legislativo e Judiciário –, desse modo consagrando um direito de acesso ao poder estamental, que certamente leva a outros direitos, máxime aos **direitos constitucionais de igualdade**.

Nesse sentido, uma vez adotado o Estado Democrático de Direito em nosso país – que veio à luz por intermédio da nova Constituição –, fica impedido o Estado brasileiro, no seu macro conjunto, de negar direitos fundamentais ao cidadão, por intermédio de suas esferas político-administrativas (União, Estados-membros, Distrito Federal e Municípios) ou mesmo de seus poderes.

A negação de direitos pelos órgãos estatais leva a desconhecer a louvável intenção do constituinte originário, transformando em arremedo o já falado Estado democrático de direito por ele instituído.

No tocante a algumas **prerrogativas estatais** – assim é o caso dos **prazos processuais** e outros beneplácitos legais –, o que se vem observando na prática, é que os referidos prazos concedidos pela lei à Fazenda Pública de todas as esferas jurídicas governamentais, têm alvejado sem qualquer piedade, de forma inescrupulosa, o **princípio constitucional da isonomia** – direito fundamental –, olvidando-se que a Carta Republicana abraça e consagra o ideário do Estado Democrático de Direito.

Forçoso reconhecer, portanto, que os aludidos prazos processuais estendidos, pese a sua legalidade, são inconstitucionais, posto que ferem de morte a Lei Fundamental. Além disso, não gozam de qualquer legitimidade, vez que há um reclame social na voz dos mais doutos, além de redundarem numa espécie de procrastinação permitida pelas normas de direito.

Nesse sentido, não se admitir que num Estado Democrático de Direito, um dos direitos fundamentais – **princípio da igualdade** –, erigido à categoria de direito constitucional, continue sendo negado pelos poderes do Estado.

Assim sendo, como contribuição ao debate, propomos ao final do presente trabalho, uma alteração na legislação, para que a cidadania tenha sua plenitude com a equidade de tais prazos, sob pena de a balança da justiça permanecer pendida a prejudicar aquele que tem se apresentado mais vulnerável – **o cidadão** –, respaldada numa inconstitucionalidade que, inclusive, esteve esdruxulamente declarada constitucional pelo próprio Poder Judiciário, através do Excelso Pretório (STF). É o que se pode depreender dos arestos que seguem:

> Não se equipara ao particular a Fazenda Pública. A Relevância do interesse público, por esta preservado, separa-a, na sua natureza, do particular. (**STF, RE 83041, Rel. Min. Cordeiro Guerra, publicado no DJU de 15.08.80**).

> RECURSO. IGUALDADE PROCESSUAL. PRIVILÉGIO DA FAZENDA PÚBLICA. ART. 74 DO DL 960/38. Não ofende o princípio da isonomia, aplicável a igualdade das partes no processo, o conferimento de tratamento especial à Fazenda Pública, o que se faz em atenção ao peso e superioridade dos seus interesses em jogo. (**STF, RE 83432, Relator Min. Leitão de Abreu, publicado no DJU de 06.06.80**).

De perceber, porém, que a comprovação de que os prazos ofertados aos entes políticos federativos (fazendas públicas federal, estadual, distrital e municipal), pela legislação processual civil em vigor, não mais condizem com a realidade vigente e nem conduzem a uma sadia contribuição para o pleno exercício dos direitos de cidadania, chegando mesmo a provocar sinistro com o **princípio constitucional da isonomia**.

Não ficando por aqui as benesses legislativas atribuídas ao Estado pelas normas em vigor, quer adjetivas quer substantivas, pois outras prerrogativas na legislação podem ser constatadas nas normas de regência, a merecer uma acurada análise crítica, como ponto de partida para reformulação dos diplomas legais vigentes.

Para chegar-se à afirmação categórica de que os prazos fazendários dilatados e as demais prerrogativas concedidas aos entes públicos se conflitam com o princípio constitucional da isonomia, analisamos *ab initio* o comportamento do Estado desde a sua gênese histórica, constatado em algumas produções literárias, onde se tomou por embasamento teórico as ponderações e palpável intelectualidade dos seguintes teóricos e doutrinadores: Friedrich Engels, Vladimir Lênin, Immanuel Kant, Hans Kelsen, Karl Marx, Max Weber, Jellinek e Luigui Ferrajoli, entre outros.

Portanto, espera-se que o presente estudo contribua de alguma forma para que os legisladores brasileiros se sensibilizem diante da injustiça legalizada, procurando envidar esforços no sentido de promover uma radical mudança nas normas que de alguma forma privilegiam os entes estatais.

PRIMERA PARTE
UMA ANÁLISE SUPERFICIAL DO FENÔMENO ESTADO

Capítulo I
ETIMOLOGIA, ORIGEM, EVOLUÇÃO
E CONCEPÇÕES FILOSÓFICAS DO ESTADO

1. A etimologia da palavra Estado

A expressão denominada Estado tem origem no vocábulo latino *status*, por muito tempo utilizado no Direito Romano. Tal acepção deve-se ao fato de o cidadão romano, estando no gozo de seus direitos, possuir a condição social de chefe de família e não-dependente ou *status familiae*; homem livre e não-escravo ou *status libertatis*, ou então, um cidadão romano e não-peregrino ou *status civitatis*.

Importante ressaltar que os gregos chamavam o Estado de *polis*, que significava "cidade", uma vez que os estados gregos não ultrapassavam os limites urbanos, ou seja, a cidade-Estado.

No entanto, merece registrar que somente a partir do século XVI em diante o termo Estado aos poucos foi sendo absorvido pelos povos ocidentais. Desde então, segundo Azambuja (1976, p. 7), o Estado passou a chamar-se de *État* pelos franceses; *Staat* pelos alemães; *State* pelos italianos e *Estado* pelos espanhóis e portugueses.

2. O surgimento do Estado como organização política

Autores vários afirmam que o Estado sempre existiu. Muito embora alguns prefiram considerar que a organização cognominada de Estado tenha existência apenas em determinados períodos históricos.

Nos seus profundos estudos sobre a origem do Estado, Frederich Engels[1] propagou que o Estado se erigiu sobre as ruínas da *gens*, espécie antiga de agrupamento humano com indivíduos ligados entre si pelo vínculo de sangue, originários da Grécia, Roma e Germânia, pois, segundo o filósofo

[1] ENGELS, Friedrich. **A Origem da Família, da Propriedade Privada e do Estado**. 3 ed. São Paulo: Global, 1986, p. 226.

23

alemão, com a decadência do regime *gentílico*, que restou destruído pela divisão do trabalho que separava a sociedade em classes apareceu o Estado.

> Já estudamos, uma a uma, as três formas principais de como o Estado se erigiu sobre as ruínas da gens. Atenas apresenta a forma que podemos considerar mais pura, mais clássica; ali, o Estado nasceu direta e fundamentalmente dos antagonismos de classe que se desenvolviam mesmo no seio da sociedade gentílica. Em Roma, a sociedade gentílica converteu-se numa aristocracia fechada, entre uma plebe numerosa e mantida à parte, sem direitos mas com deveres; a vitória da plebe destruiu a antiga constituição da gens, e sobre os escombros instituiu o Estado, onde não tardaram a confundir-se a aristocracia gentílica e a plebe. Entre os germanos, por fim vencedores do império romano, o Estado surgiu em função direta da conquista de vastos territórios estrangeiros que o regime gentílico era impotente para dominar.

De perceber que, pelos estudos ante falados, a origem do Estado é milenar e que a referida organização política emanou do **conflito de classes sociais**, ainda que à época assim não se denominasse.

Sem dúvida há uma explicação histórico-político-sociológica para o fato do divórcio que sempre reinou entre o Estado e a sociedade. Os conflitos de ordem social continuam existindo nos dias de hoje por conta dos interesses opostos das classes sociais. Não se sabe ao certo quando será o fim desse duradouro **curto-circuito humano** entre os que conduzem o Estado e os que são conduzidos por ele (sociedade). Espera-se, no entanto, que um dia chegue ao seu termo, inobstante custe a acreditar.

3. Algumas concepções sobre o Estado

3.1 Dúvidas dos pensadores sobre o significado do Estado

Antes de tudo, de consignar que não somente os sociólogos, mas também os juristas em geral têm se deparado com a indagação: *o que é o*

Estado?, sem, contudo, obterem uma resposta convincente e esclarecedora que forneça uma conceituação precisa.

Segundo o professor Paulo Bonavides:

> (...) os juristas vêm se preocupando com os aspectos fundamentais da despersonalização do poder ou com a personalidade que nasce do Direito e se faz centro de toda criação normativa, enquanto que os sociólogos estão volvidos para o elemento coercitivo, que revelaria a essência do fenômeno estatal.[2]

O esforço em definir o que seja Estado não interessa apenas do ponto de vista jurídico, uma vez que para uma maior absorção da sua compreensão – como fenômeno histórico, político, sociológico e ideológico – analisá-lo sob o ponto de vista especificamente sociológico é também de fundamental importância, já que se cogita de mais uma manifestação humana.

3.2 O Estado sob o ponto de vista jurídico

De Emanuel Kant a Hans Kelsen tem havido, pelos estudiosos do direito, uma tentativa de explicação do fenômeno denominado Estado, que de certa forma não é fácil de definir.

Na formulação do conceito de Estado oferecida por Kant, tal sociedade política "é a reunião de uma multidão de indivíduos sob a lei do Direito".[3]

A concepção de Kant sobre o Estado foi duramente criticada por Del Vecchio[4] que argumentava que, pela conceituação dada pelo filósofo de

---

[2] BONAVIDES, Paulo. **Curso de Introdução à Ciência Política:** Formas de Estado e de Governo. 2 ed. Brasília: UnB, 1984, v. 3, p. 5.

[3] Obras citada, p. 6.

[4] BONAVIDES, Paulo. **Curso de Introdução à Ciência Política:** Formas de Estado e de Governo. 2 ed. Brasília: UnB, 1984, v. 3, p. 6.

Koenigsberg, "até mesmo um município ou uma penitenciária preencheria os requisitos" do conceito de formação do fenômeno Estado.

No entanto, na compreensão de Burdeau:[5]

> O estado procede de um fenômeno de despersonalização do poder, ou seja, quando o poder deixa de ter por titular uma pessoa para subjetivar-se numa instituição. Ao poder pessoal sucede o poder institucional, de modo que o Direito substitui a força e a razão, o arbítrio.

Ressalte-se, portanto, que Hans Kelsen[6] unifica os conceitos de Estado e direito, no entendimento de que representam uma só coisa, vale dizer, um sistema de normas, dessa forma colocando o Estado, "no âmbito da normatividade pura, regido pelas leis teleológicas (leis de fins) e não pelas leis da causalidade (leis da natureza ou do mundo físico)".

Vale destacar que Kelsen chega a considerar o estado como um sistema geral e completo de normas jurídicas, afirmando ser o mesmo um todo ou um uno jurídico, e compara-o à unificação existente entre Deus e o mundo. *Diz ele, "como Deus é o mundo e o mundo é Deus".*

Na linha de raciocínio do jurista alemão, segundo seus críticos mais ferrenhos, qualquer Estado pode ser considerado **Estado de Direito**, pois todos estão regidos por lei, todos possuem normas legais, todos tem uma Constituição.

Sobre a conceituação elaborada por Hans Kelsen, na sua preciosa obra, o eminente jurista Paulo Bonavides preleciona:

> Por identificar estado e Direito, tem-se repreendido a Kelsen o haver criado uma teoria do Direito sem direito ou projetado uma teoria do estado que, sobre escancarar portas e janelas a todos os sistemas políticos e formas de

---

[5] Obra citada, p. 6.

[6] Obra citada, p. 6

governos, faz ao mesmo passo implicitamente legítimas todas as ordens normativas. De maneira que – argúem-lhe os críticos adversários – qualquer estado, segundo Kelsen, é Estado de Direito.

Já pela concepção dada por Du Pasquier[7], o Estado consiste numa criação essencialmente jurídica, haja vista ser o produtor do direito positivo:

> O estado é noção essencialmente jurídica. De uma parte, repousa sobre o direito, no sentido de que este lhe regula a organização e o funcionamento, doutra é centro de criação jurídica, por ser ele que estatui ou reconhece o direito positivo, bem como detém e aplica a força que o sanciona.

Pelo fato de ser considerada esta última acepção, a mais acertada e mais moderna, de perceber que as concepções do Estado anteriormente colacionadas, são por assim dizer, equivocadas, porquanto não expressam o seu significado preciso do ponto de vista eminentemente jurídico, pois que objetiva reconhecer o Estado, conforme diz Vicente Rao[8], "um sujeito ou titular de direitos e obrigações, isto é, uma personalidade criada pela ordem jurídica".

3.3 O Estado sob o ponto de vista político-sociológico

3.3.1 O Estado na concepção de ENGELS

Na concepção de Friedrich Engels, o antagonismo de classes gera a formação do Estado, pois não passa de um poder arquitetado pela classe dominante para condicionar a vontade da classe dominada à sua vontade. Tal pensamento fornece substância às teorias concebidas posteriormente por Karl Mark, conforme se verá adiante.

Ao tecer substanciosos comentários sobre a figura do Estado, o sobredito pensador preleciona:

---

[7] Obra citada, p. 7.

[8] Obra citada, p. 7.

O Estado não é, pois, de modo algum, um poder que se impôs à sociedade de fora para dentro; tão pouco é "a realidade da idéia moral", ou "a imagem e a realidade da razão", como afirma Hegel. É antes um produto da sociedade, quando esta chega a um determinado grau de desenvolvimento; é a confissão de que essa sociedade se enredou numa irremediável contradição consigo mesma e está dividida por antagonismos irreconciliáveis que não consegue conjurar. Mas para que esses antagonismos, essas classes com interesses econômicos colidentes não se devorem e não consumam a sociedade numa luta estéril, torna-se necessário um poder colocado aparentemente por cima da sociedade, chamado a amortecer o choque e a mantê-lo dentro dos limites da "ordem". Este poder, nascido da sociedade, mas posto acima dela e distanciando-se cada vez mais, é o Estado.[9]

Emprestando interpretação ao conceito de Estado delineado por Engels, Bonavides[10] assevera:

Eis, expressa com toda clareza, a idéia fundamental do marxismo no que concerne ao papel histórico e à significação do Estado. O Estado é o produto e a manifestação do antagonismo "inconciliável das classes". O Estado aparece onde e na medida em que os antagonismos de classes "não podem" objetivamente ser conciliados. E, reciprocamente, a existência do Estado prova que as contradições de classes são inconciliáveis.

3.3.2 O Estado na concepção de MARX

Para o gênio alemão, segundo Heller, em interpretação ao Manifesto Comunista de 1948, o Estado Moderno é "um comitê que administra os interesses comuns de toda a burguesia", ou "uma organização para defender a

---

[9] ENGELS, Friedrich. **A Origem da Família, da Propriedade Privada e do Estado**. 3 ed. São Paulo: Global, 1986, p. 227.

[10] Obra citada, p. 7.

classe dos que possuem contra os que não possuem", ou ainda "máquina de opressão das classes subjugadas e exploradas".[11]

Em busca da compreensão do fenômeno Estado, Lênin[12] assevera que: "Para Marx, o Estado não poderia surgir nem subsistir se a conciliação das classes fosse possível".

Entretanto, Duguit, renomado jurista francês, conforme acentua o professor Bonavides[13], nega a existência da vontade ou personalidade do Estado, chamando-o de "expressão abstrata, empregada para designar um fato social, ou seja, uma diferenciação entre governantes e governados", considerando o Estado como "força dos mais fortes dominando a fraqueza dos mais fracos".

3.3.3 O Estado na concepção de WEBER

É nas ponderações de Max Weber[14] que a conceituação do fenômeno Estado desencadeia um esboço esclarecedor e de conteúdo moderno, adotando o sociólogo o pressuposto de que todas as formações políticas são formações de força, vindo por isso a impressionar cientistas políticos norte-americanos com suas louváveis teorias.

Nesse sentido, para Weber o Estado é "aquela comunidade humana que, dentro de um determinado território, reivindica para si, de maneira bem-sucedida, o monopólio da violência física legítima.

Vê-se, portanto, que a concepção de Estado delineada pelo aludido sociólogo legitima a esfera estatal para usar da **força física** em face dos seus governados, tal qual o pensamento de Duguit que entende ser o Estado uma vontade dos governantes como vontade legítima que se pode impor pela

---

[11] Obra citada, p. 8.

[12] LÊNIN, Vladimir. **O Estado e a Revolução**. São Paulo: Hucitec, 1986, p. 9-10.

[13] Obra citada, p. 8.

[14] Obra citada, p. 9.

coação, uma vez manifestada nos limites que lhe são traçados pelas regras de direito.

3.3.4 O Estado na concepção de JELLINEK

Embora oferecendo um conceito mais jurídico do que sociológico ao Estado, Jellinek[15], jurista alemão, o concebe como "a corporação de um povo assentada num determinado território e dotada de um poder originário de mando".

De perceber, portanto, que os três elementos fundamentais da conformação do Estado se completam na definição dada pelo citado doutrinador, pois, povo, território e governo fazem-se presentes na sua definição, devendo-se observar que para ele o Estado é dotado de *um poder de mando*.

É por essa razão que Bonavides afirma pertencer a Jellinek o merecimento de nos haver proporcionado um conceito apto a revelar os elementos materiais e constitutivos do Estado.

3.3.5 Considerações finais sobre o conceito de Estado

Em arremate, delineada a análise do conceito de Estado, tanto do ponto de vista sociológico quanto jurídico, chega-se, portanto, à conclusão de que, pelas concepções arrematadas, essa instituição fenomenológica criada pelo homem, como tantas outras, tem servido de instrumento de opressão dos governantes para com os governados.

Não importa qual o ponto de vista que o Estado seja analisado, a bem da verdade, mencionado fenômeno, com raríssimas exceções, sempre buscou afastar-se da sociedade, utilizando-se comumente da **coerção** para manter uma casta autoritária, representativa da classe dominante, no poder de mando, em detrimento da classe dominada.

---

[15] Obra citada, p. 10.

SEGUNDA PARTE
A CRIAÇÃO DO ESTADO, SUA DEMOCRATIZAÇÃO E PAPEL NA SOCIEDADE

Capítulo II
A CRIAÇÃO DO ESTADO, SUA DEMOCRATIZAÇÃO
E PAPEL NA SOCIEDADE

1. O Estado como uma organização a serviço das elites

Esboçadas as definições da entidade estatal, tanto pela perspectiva jurídica quanto sociológica ou mesmo política, de concluir-se que, uma vez tomando-se por alicerce as diversas concepções, a organização política denominada Estado, igualmente a outras tantas, foi criada para servir de instrumento a ser utilizado pelas elites econômicas com a finalidade de preservar os seus específicos interesses.

Ademais, diga-se de passagem, que sempre usaram dos meios de opressão para manter o controle permanente das classes menos privilegiadas da sociedade, haja vista ser isso imprescindível à manutenção de seus objetivos, vale frisar, a manutenção do poder ou dos privilégios os mais diversos.

É inegável que o Estado tenha servido, desde a sua origem, aos mais ricos em detrimento dos mais pobres. Para a adoção desse entendimento não é preciso abraçar ou defender a ideologia socialista.

E mesmo porque, é oportuno mencionar, e aqui, valendo-me de procedimentos iguais – pese suas louváveis teorias de que o Estado deve estar a serviço da classe trabalhadora – tem o Estado socialista-comunista, na prática, se mostrado também opressor, até mesmo em algumas situações, com maior proporção que outros de regimes capitalistas, pois apesar de agir em nome da igualdade do homem, tem agido em detrimento do maior bem do homem depois do da vida, a liberdade.

2. O Estado como sociedade política a serviço dos governados

Outrosmais, diga-se que o Estado nasceu do antagonismo de classes, consoante mencionou Engels na sua descrita concepção de Estado, e a classe detentora do poder da organização estatal, principalmente o poder econômico, que é a minoria, historicamente dele tem se valido, para séculos a dentro, proteger-se da espraiada maioria.

Ressalve-se, porém, que o Estado se modernizou com o tempo, tornando-se uma sociedade política a serviço dos governados, inobstante ainda continue servindo de proteção a todos quantos monopolizam o sistema econômico, sendo bem provável que assim permaneça por decênios, servindo mais aos que possuem riquezas, e nesse sentido, confrontando-se com os interesses da massa proletária detentora de interesses que não satisfazem àqueles que monopolizam o poder estatal.

Daí, constata-se, em apertada síntese, que a finalidade da criação do Estado teve por meta a preservação dos interesses privados de uma classe dominante que se contrapõe aos interesses da classe dominada, em evidentes prejuízos à coletividade.

Capítulo III
A DEMOCRATIZAÇÃO DO ESTADO
E O ESTADO DE DIREITO

1. O Estado Democrático

A democratização do Estado sempre foi reclamada pelas sociedades antiga, média e moderna. É o que se pode constatar ao longo da história dos povos. O Estado democrático tem seu nascedouro na antiga civilização. Pois foi na antiga Grécia que a democracia passou a existir como forma de governo. Inobstante a expressão *democracia* tenha variado bastante no decorrer dos séculos.

Apesar de a democracia ter surgido na Grécia antiga e Atenas ser considerada o *berço da democracia*, ainda assim, somente uma pequena parte da população podia votar e ocupar cargos públicos.

Isso acontecia porque a maioria da população grega era constituída de escravos considerados *coisas*, e por essa razão, não gozava de nenhum direito. Os direitos políticos ficavam limitados à tão somente uma minoria – uma elite –, que podia votar, ser votada e provir os poucos cargos públicos existentes. Sendo, portanto, perceptível que a democracia no estado helênico não gozava de plenitude.

Em razão de fatores de todo ainda desconhecidos, podendo até ter sido pelos que acima acabamos de expor, a democracia do Estado grego teve seu perecimento. E desde a queda que a esfacelou até o surgimento da democracia moderna, mais de 2000 anos passaram-se, chegando a cair algumas vezes em desuso a forma democrática de governo, regressivamente suplantada pelo absolutismo monárquico.

De destacar, todavia, que o primeiro passo com destino à democracia moderna foi dado pelos nobres ingleses em 1215, quando então os poderes absolutos do rei João Sem Terra foram limitados por uma Carta Magna, na denominação moderna, uma Constituição, vindo assim a desabrochar, em substituição ao absolutismo, a denominada *monarquia constitucional.*

Interessante assinalar que, com o caminhar dos séculos, vários movimentos revolucionários fizeram-se presentes na vida social de alguns Estados, contribuindo, portanto, para a *consolidação da democracia moderna* no mundo.

Entre os acontecimentos prefalados, os mais importantes foram a Revolução Inglesa de 1688, da qual se originou o **Parlamentarismo**; a Revolução Americana de 1776, que dela herdamos o **Presidencialismo**, a República e o Estado Federado (Federação) e a Revolução Francesa de 1789, que estabeleceu os **princípios básicos da democracia moderna**.

Portanto, foi o movimento revolucionário francês quem na verdade erigiu os *princípios fundamentais da democracia moderna*, travestidos nos princípios da liberdade, da igualdade e da fraternidade que deve imperar entre os cidadãos.

É importante ressaltar que o **princípio de igualdade** é uma influência da concepção cristã da igualdade de todos os homens perante Deus, o criador do universo. Nada obstante essa concepção tenha sido cooptada pelos movimentos políticos, principalmente a partir dos escritos do filósofo francês Jean Jacques Rousseau que contribuiu decisivamente com suas ideias para a queda do absolutismo na França do século XVIII.

A ideia de igualdade nos dias hodiernos passou a ter reflexo também na seara jurídica, não ficando adstrita exclusivamente à religião e à política, vindo os Estados modernos mais democráticos a inserirem nas suas constituições, como preceito fundamental e indispensável para a consagração da paz social.

Dos **princípios fundamentais da democracia**, oriundos da Revolução Francesa, outros de não menos relevância, foram construídos sobre os trilhos da história, consoante expõe Claudino Pilleti:[16]

---

[16] PILLETI, Claudino. **Organização Social e Política Brasileira**. 8 ed. São Paulo:

a) Participação de todos os cidadãos no governo, pelo direito ao voto;

b) Soberania popular, onde prevalecerá a vontade da maioria;

c) Distribuição do poder, que não deve se concentrar nas mãos de uma só pessoa. E que deve ser dividido nos seguintes poderes: o Legislativo que elabora as leis; o Executivo que administra o país e o Judiciário que cuida do cumprimento das leis, julgando e punindo a todos quantos a transgridam.

d) Temporalidade do poder que significa que os governantes são eleitos para ocuparem o poder por um período determinado pela Constituição.

É oportuno assinalar que novas formas de estrutura político-administrativa foram adotadas pelos *estados democráticos modernos*. No que diz respeito ao poder político dos governantes, as democracias modernas adotaram a forma republicana de governo, pela qual os representantes são escolhidos diretamente pelo povo e para um período determinado.

Essa democrática forma de governo indubitavelmente refuta a ideia de monarquia, que possui como característica principal a **vitaliciedade** (exercício do poder que dura por toda a vida) e **hereditariedade** (que vai transferindo o poder de pai para filho).

Os Estados Modernos procuraram, portanto, no andamento dos séculos, construir várias *formas democráticas de governo*.

Na antiga Grécia, os cidadãos exerciam diretamente o poder de decisão. Surgia, assim, a chamada *democracia direta*, só existindo na atualidade em pequenos lugarejos ou cantões da Suíça.

Ática,1980, p. 51.

Nos Estados Modernos, a democracia direta é quase que impraticável, devido à complexidade da sociedade e da própria entidade estatal, vindo esses Estados a adotar a chamada **democracia representativa**, na qual o povo elege seus representantes para em seu nome legislar e governar o país.

Na democracia representativa há duas maneiras de se exercer o governo, por meio do **Parlamentarismo**, onde o governo é exercido principalmente por um primeiro-ministro e de um Ministério, eleitos pelo Parlamento – Poder Legislativo; e através do **Presidencialismo**, onde o Presidente é eleito diretamente pelo povo, que uma vez empossado, escolhe livremente os seus ministros, sem qualquer participação do Poder Legislativo.

Fica, dessa forma, evidente, no presente tópico, que o **Estado democrático** sofreu alterações no decorrer do processo histórico, sobrevivendo às intempéries das ditaduras de direita ou mesmo de esquerda, e por isso, tendo vencido e triunfado, eis que entendeu os povos mais sábios ser o melhor regime para a convivência humana no mundo.

Relevante mencionar que com a Revolução Francesa o Estado esteve cindido em três funções que até hoje perduram. Seu criador, Montesquieu, jurista francês, idealizou a repartição do poder do Estado – ou o próprio Estado –, em poderes menores e especializados, denominados de **Legislativo**, **Executivo** e **Judiciário**. Tendo o primeiro a incumbência de criar as leis; o segundo administrar conforme as leis e o terceiro poder julgar de acordo com as leis.

O Estado moderno adotou a *tripartição de poder* com a finalidade de contrabalançar as ações governamentais implementadas pelo próprio ente estatal, bem como, assegurar ao cidadão uma melhor e mais segura atuação do Estado.

Nesse sentido, para que um Estado se considere democrático, faz-se mister que o poder conferido aos representantes do povo nas urnas, seja dividido por funções, e cada função corresponda a uma atividade política específica. E, conforme dito acima, ao Poder Legislativo competindo elaborar as leis; ao Poder Executivo a administrar o país e ao Poder Judiciário a julgar segundo as leis.

A divisão do poder do Estado, em poderes menores ou **funções específicas**, é uma das garantias da democracia moderna. Visto que não se concebe, nos dias atuais, que uma única pessoa assuma e desenvolva todas as atividades estatais e ainda faça, interprete e aplique as leis.

Por ser uma das garantias da democracia, a tripartição do poder em Legislativo, Executivo e Judiciário tem a finalidade precípua de limitar a atuação de um poder em relação ao outro. Se assim não fosse os cidadãos se sentiriam deveras impotentes diante da força esmagadora do Estado.

No dizer de Claudino Pilleti[17] "(...) a limitação e o controle que um poder exerce sobre o outro, impedem que o indivíduo fique à mercê de um Estado todo-poderoso".

A teoria da separação do poder estatal é bastante remota, pois Aristóteles[18], na Grécia antiga, já a defendia. Mais adiante o escritor inglês John Locke[19] aprofundou a tese em sua obra, mas a teoria terminou por ser reelaborada e concretizada a partir das idéias enriquecidas por Montesquieu.[20]

Para esses consagrados teóricos, a separação do poder impede o abuso do próprio poder, haja vista que a experiência tem ensinado que toda pessoa que detém o poder é levada a dele abusar. Para impedir que isso aconteça, é necessário dividir o poder entre órgãos independentes, eis que *só o poder pode deter o poder*.

---

[17] Obra citada, p. 69.

[18] ARISTÓTELES. **Política**. São Paulo: Martim Claret, 2002.

[19] LOCKE, John. Segundo Tratado do Governo Civil.

[20] MONTESQUIEU. **Do Espírito das Leis**. Coleção Universidade de Bolso. Rio de Janeiro: Editora Tecnoprint, 2001.

A separação do poder absoluto do Estado, conforme discorrido acima, tem sido adotada nas constituições de inúmeros países, inclusive na do Brasil.

O Estado Moderno, além de dividido por funções diversificadas, obviamente evoluiu no decorrer do interregno que vai do século XVIII aos dias contemporâneos, adotando as formas ideológicas de **Estado Liberal**, de **Estado Social** ou de **Estado Socialista**. Mesmo assim, não deixou de opor-se aos interesses dos indivíduos, socialmente falando, pois muitas vezes a estes tem negado direitos indispensáveis ao pleno exercício da **cidadania**, da **liberdade**, da **igualdade** e da **segurança**; direitos estes inerentes ao próprio exercício da democracia.

Não restam dúvidas de que, pelo anteriormente descrito, o Estado Moderno vem se refinando no cavalgar dos séculos, se democratizando paulatinamente, embora continue a ser nos dias hodiernos, uma ferramenta preponderante nas mãos de uma elite política e econômica, que uma vez detentora do poder – econômico, político e militar – tem cometido abusos contra os demais membros da sociedade, com vistas a preservar os seus mais inescrupulosos interesses.

2. O Estado de Direito

É inconcebível a existência de um Estado democrático sem que esteja alicerçado numa Lei Suprema, numa Constituição, e que a mesma tenha sido **promulgada**, vale dizer, que represente a vontade geral da nação, devendo ter sido elaborada por representantes eleitos diretamente pelo povo, posto que ao povo é impraticável confeccionar uma Constituição de forma direta na atualidade.

Diante da impossibilidade de elaborar e promulgar diretamente uma Constituição, é que o povo democraticamente escolhe uma minoria de cidadãos idôneos que o represente na feitura do estatuto constitucional. A esse conjunto de pessoas eleitas dá-se o nome de **Assembleia Nacional Constituinte** que, ressalte-se, tão logo conclua os seus trabalhos de elaboração da lei maior deverá ser deliberadamente dissolvida.

Em um Estado de Direito, os cidadãos devem respeitar as leis, máxime a sua Constituição – por eles próprios confeccionada de maneira indireta –, pois, nela contém os **direitos** e **garantias fundamentais** de todos os cidadãos, inclusive dos próprios representantes do povo, parlamentares ou governantes.

Um Estado no qual os governantes e os governados respeitem a sua Constituição e as leis vigentes, na verdade configura-se num verdadeiro **Estado de Direito**, e consequentemente num **Estado Democrático de Direito**.

Em comento sobre o Estado de Direito, Claudino Pilleti leciona:

> Estado de Direito, portanto, é o Estado no qual a Constituição é rigorosamente respeitada tanto pelos cidadãos quanto pelos governantes. Nos países onde existe Estado de Direito ninguém, por mais poderoso que seja, pode modificar a Constituição.[21]

Diga-se de passagem, contudo, que os *Estados Absolutos*, melhor dizendo, aqueles nos quais o *soberano* – rei, imperador, xá ou mesmo presidente escolhido sem a participação popular – governa atendendo à sua própria vontade ou de um restrito grupo de indivíduos, não são, por hipótese alguma, considerados Estados de Direito, ainda que possuam uma Constituição e normas legais escritas.

Da mesma forma não se pode considerar Estados de Direito as *ditaduras*, pois o ditador não governa respaldado numa Constituição elaborada a partir da vontade de todos e por meio de representantes livres e diretamente eleitos pelo povo. Nas ditaduras as constituições não passam de mais um livro escrito entre tantos outros, originado no desejo exclusivo do caudilho ou de um grupo de pessoas por ele politicamente monopolizadas, sem qualquer participação dos cidadãos.

---

[21] Obra citada, p. 58.

A importância do Estado de Direito para um país está justamente na **garantia da liberdade** e no **respeito às leis** que o Estado deve proporcionar aos seus cidadãos, e porque não dizer também, na garantia da igualdade de todos perante a lei. A igualdade aqui falada é a **igualdade formal ou jurídica**, e não a **igualdade material**. Inobstante existindo igualdade formal é possível que haja, em certas situações, a igualdade material, ou que, no mínimo, contribua para a realização desta concretamente.

A tentativa da criação de um Estado de Direito é bastante remota. Segundo alguns estudiosos do tema. Paulo Nader[22] brinda-nos com a preciosa informação de que o Código de Hamurabi (2000 a.C.) foi a ordenação que o rei da Mesopotâmia deu ao seu povo, com tal objetivo. E pondera que frisou sua Majestade, *ipsis verbis*: "(...) para que o forte não oprima o fraco, para fazer justiça ao órfão e à viúva, para reclamar o Direito do país em Babel (...)".

---

[22] NADER, Paulo. **Introdução ao Estudo do Direito**. 8 ed. Rio de Janeiro: Forense, 1993, p. 227.

Capítulo IV
A SUBMISSÃO DO ESTADO À CONSTITUIÇÃO E ÀS LEIS E O PAPEL DO ESTADO MODERNO

1. A submissão do Estado à Constituição e às leis

Se o Estado clássico objetivava com preponderância à proteção dos mais fortes contra os mais fracos, ou na linguagem de Karl Marx, a defesa dos que possuíam contra os que não possuíam, na época atual, o Estado como uma sociedade política dotada de recursos de toda ordem, máxime as arrecadações tributárias, tendo por origem o pagamento de impostos e taxas pelos cidadãos, não mais justifica, na era da modernidade, a ausência do aparelho estatal na implementação de políticas públicas e de ações protetivas ao indivíduo.

Da mesma forma que o Estado tem que se fazer presente nas ações de natureza política, também dever ter a incumbência de respeitar a sua Constituição e as leis infraconstitucionais, sob pena de não poder intitular-se de *Estado Moderno*.

Contudo, tem o Estado Moderno - ainda que continue a servir de ferramenta de proteção dos economicamente mais ricos e mais poderosos – o dever político e jurídico de oferecer proteção aos indivíduos em geral. E mesmo porque os dirigentes do Estado Moderno comumente são eleitos pela maioria dos cidadãos, numa prova de que o poder estatal emana da vontade geral, devendo, portanto, essa vontade de todos ser respeitada pelos que ascenderam, após os pleitos eleitorais, à representação popular, passando a deter as funções públicas da organização política do Estado.

Cabível anotar que o Estado Moderno teve início com o Estado Liberal, posteriormente substituído pelo Estado Social, de prevalência nas sociedades democráticas modernas.

Por conta da crise do Estado Liberal, oriundo do movimento revolucionário francês, que disseminava a supremacia da *liberdade do indivíduo* sobre outros valores de maior interesse da sociedade, dando ênfase ao individualismo exacerbado, surgiu o denominado Estado Social.

Pondera Bonavides (1984, p. 22) que o grave defeito da teoria do Estado Liberal ou liberalismo, nas democracias ocidentais, e que na ordem econômica adotava o *laissez faire, laissez passer*, foi ter estabelecido um fosso demasiado largo entre a sociedade e o Estado, e por ter dado ênfase exagerada aos direitos individuais, como também, por não ter compreendido em tempo a relevância dos interesses sociais.

Sem qualquer margem de dúvidas, o Estado Liberal possuía visão estática da ordem política e social, não percebendo as exigências dinâmicas da sociedade, demonstrando ser uma forma de Estado insensível às mudanças no corpo social.

> De qualquer modo, o estado liberal estava condenado ao declínio por todas as contradições inerentes às suas instituições e principalmente pelo divórcio logo percebido entre a teoria abstrata da liberdade e os privilégios burgueses e classistas, manifestos em seu ordenamento institucional, tão duramente revelados pela crítica socialista do século passado. (BONAVIDES, 1984, p. 23).

O Estado Liberal finalmente chegou ao seu esperado termo, após inúmeros abalos ideológicos e revolucionários, sendo certo que das transformações e mudanças havidas pelos tenebrosos movimentos subversivos, adveio uma nova forma de Estado, no qual o Estado Liberal também se faz presente na sua formação. Esse tipo de estado foi intitulado de Estado Social.

Na concepção de muitos, o Estado Liberal apenas mudou de forma; já para outros, o Estado Liberal desapareceu para em seu lugar surgir a figura do Estado Social.

Modelando o perfil do Estado Social, o consagrado mestre Bonavides tece o seguinte comentário:

Com efeito, esta distinta modalidade de estado representa na teoria das idéias e na prática das instituições um processo de sensíveis alterações adaptativas, que consentem ao estado ocidental, herdeiro do liberalismo, evitar a solução da ditadura política e ideológica, de que resulta o sacrifíciodas liberdades individuais e a rendição incondicional da sociedade ao estado como ocorre nos sistemas totalitários. (BONAVIDES, 1984, p. 23)

O renomado jurista, continuando nas suas assertivas, descreve com nitidez os traços institucionais do Estado Social, que, como se percebe, encontram-se presentes no ordenamento jurídico brasileiro, originados a partir da promulgação da Constituição de 1988:

Valendo-se da técnica intervencionista, o estado social combate o desemprego, institui a previdência social, disciplina o crédito, a moeda e o câmbio, combate a inflação, faz da lei tributária instrumento de justiça e redistribuição da renda, planeja o desenvolvimento, reprime os abusos do poder econômico, regula a concorrência nos mercados, reconhece a função social do trabalho, promovendo-lhe a valorização, estabelece o salário mínimo, paga ou faz pagar o salário-família, garante o repouso semanal remunerado, abre ao trabalhador a possibilidade da participação nos lucros das empresas e até mesmo da co-gestão, decreta a função social da propriedade, ampara a família na educação, no trabalho e na enfermidade, eleva o ensino e a cultura à categoria de deveres do estado e, enfim, proporciona ao homem todas as prestações e todos os meios materiais indispensáveis a uma convivência efetivamente democrática, uma sociedade aberta e pluralista, inspirada em conceitos de igualdade, postulados da liberdade e princípios de solidariedade e justiça social. (BONAVIDES, 1984, p. 24).

O Estado Social por ter uma natureza intervencionista detém um sistema institucional, em virtude do qual os direitos sociais ostentam prioridade, em contraposição à concepção individualista do Estado Liberal.

Deve-se mencionar, todavia, que o Estado Liberal sempre se manteve afastado da sociedade, e por causa desse abstencionismo estatal acontecia as injustiças e os abusos perpetrados contra os direitos humanos, causando, por tudo isso, a vulnerabilidade e o desprestígio das instituições liberais, e em consequência a sua desmoronização.

2. O papel do Estado Moderno: valorização do Estado de Direito e da Democracia

O papel do Estado Moderno, hoje denominado de Estado Social, consiste na valorização do Estado de Direito e da Democracia, como rótulos inafastáveis e inseparáveis, que deve contribuir para a construção dos postulados de **justiça social** por intermédio dos valores jurídicos, inspirado nos princípios de liberdade, de igualdade e de solidariedade humanas, sob o manto dos preceitos constitucionais e das normas legislativas inferiores.

TERCEIRA PARTE
O ESTADO DEMOCRÁTICO
DE DIREITO

Capítulo V
O ESTADO DEMOCRÁTICO DE DIREITO
E SUA FINALIDADE

O Estado Democrático de Direito reúne os princípios do Estado Democrático e do Estado de Direito, no dizer de José Afonso da Silva[23], não como simples reunião formal dos respectivos elementos, porque, em verdade, revela um conceito novo que os supra à medida em que incorpora um componente revolucionário de transformação do *status quo.*

É o Estado Democrático de Direito um conceito renovado do Estado Moderno que detém a missão inarredável de contribuir para a transformação da sociedade, priorizando o direito como instrumento a ser utilizado pelos cidadãos no fortalecimento do exercício da democracia.

No entanto, só existe um Estado Democrático quando o próprio Estado e o povo que o habita respeitam a Lei Suprema da nação – a Constituição –, assim como, as leis que com ela estão em constante sintonia. Contudo, antes se afirme que a carta constitucional a ser reverenciada pelo ente público estatal e a sociedade deve ter uma fonte democrática, ou seja, tenha tido sua gestação a partir da instalação de uma Assembleia Nacional Constituinte escolhida livremente pelos cidadãos, através do sufrágio universal e do voto direto e secreto.

Para que um Estado ostente o título de Estado Democrático de Direito, não basta implementar ações ou adotar posições de cunho democrático, deverá sobretudo ter surgido com tal característica, por meio de movimentos democráticos forjadores do próprio advento de confecção de sua Carta Política.

O processo de formação do Estado Democrático de Direito, por ser complexo, é bastante lento, pois sua conformação ocorre no dia a dia, vai se

---

[23] SILVA, José Afonso da. **Curso de Direito Constitucional Positivo**. 9 ed. São Paulo: Malheiros Editores, 1993, p. 102.

moldando cotidianamente por intermédio da indispensável participação do povo nas decisões políticas e governamentais. Para José Afonso da Silva[24],

> A democracia que o Estado Democrático de Direito realiza há de ser um processo de convivência social numa sociedade livre, justa e solidária (...), em que o poder emana do povo, que deve ser exercido em proveito do povo, diretamente ou por representantes eleitos (...), participativa, porque envolve a participação crescente do povo no processo decisório e na formação dos atos de governo; pluralista, porque respeita a pluralidade de idéias, culturas e etnias e pressupõe assim o diálogo entre opiniões e pensamentos divergentes e a possibilidade de convivência de formas de organização e interesses diferentes da sociedade; há de ser um processo de liberação da pessoa humana das formas de opressão que não depende apenas do reconhecimento formal de certos direitos individuais, políticos e sociais, mas especialmente da vigência de condições econômicas suscetíveis de favorecer o seu pleno exercício.

Infere-se, portanto, que o Estado Democrático de Direito tem por essência a submissão do Estado à Constituição e às leis, dando-se ênfase à **legalidade democrática**, para que dessa feita possa então o Estado atingir seus fins: a **igualdade** e a **justiça social**. Sem o respeito ao texto constitucional e às normas legais inferiores, não haverá também respeito ao cidadão por parte do Estado. E mais, a sociedade ficará alijada dos benefícios sociais, do progresso e dos bens culturais, imprescindíveis à sobrevivência de todos. Nesse sentido, não há falar em democracia e inexistirá Estado de Direito.

---

[24] Obra citada, p. 109.

Capítulo VI
O ESTADO DEMOCRÁTICO DE DIREITO
NA CONSTITUIÇÃO DE 1988

Depois de incontáveis avanços e retrocessos democráticos, finalmente o Brasil foi agraciado com uma Constituição considerada democrática, e que tem sua *genes* nas incansáveis lutas do povo brasileiro. A nossa Carta Política buscou a consagração do **Estado Democrático de Direito** como ferramenta indispensável à realização da justiça social.

A Constituição Republicana de 1988 elucida a opção do Brasil pelo Estado Democrático de Direito, no *caput* do artigo 1º, dispondo:

> Art. 1º A República Federativa do Brasil, formada pela união indissolúvel dos Estados e Municípios e do Distrito Federal, constitui-se em Estado Democrático de Direito (...).[25]

Inobstante passados mais de vinte e quatro anos da promulgação da Constituição Brasileira, ainda não se pode afirmar que o povo viva em pleno Estado Democrático de Direito. No entanto, caminhos tortuosos vão sendo paulatinamente desbravados, na busca incessante por democracia e pelo exercício pleno da cidadania, pese continuar existindo setores vinculados ao sistema político e econômico, de pensamento retrógrado ou conservadores, que lamentavelmente ainda não absorveram de todo o sentido da Lei Suprema da nação.

Esses seguimentos sociais persistem em seguir as velhas e ultrapassadas lições dos quartéis-generais do regime de exceção, instalado em 31 de março de 1964 e que comandou os destinos do país até os idos de março de 1985, e que, como se sabe, castrou sumariamente todos os direitos constitucionais e de cidadania, em detrimento da construção democrática, resultando num longo atraso no processo político-jurídico.

---

[25] _____. **Constituição 1988**. Brasília: Centro de Documentação e Informação/ Coordenação de Publicações da Câmara dos Deputados, 2000.

A *Lex Fundamentalis* brasileira não é uma carta política que tende a oferecer uma ponte para o regime socialista, embora ela vise por meio da adoção do Estado Democrático de Direito, à formulação gradual de uma sociedade, na qual haja maior **justiça social**, com perspectiva à realização permanente dos **direitos sociais**, ainda que isso se dê dentro de um sistema econômico reconhecidamente capitalista.

> A Constituição de 1988, contudo, não promete transição para o socialismo com o Estado Democrático, mas abre as perspectivas de realização social profunda pela prática dos direitos sociais que ela inscreve e pelo exercício dos instrumentos que oferece à cidadania e que possibilita concretizar as exigências de um Estado de justiça social, fundado na dignidade da pessoa humana.[26]

Nunca é demasiado repetir que o Estado Democrático de Direito tem como supedâneo indispensável o respeito duradouro e insofismável à lei no seu sentido mais amplo.

A legalidade é princípio basilar que não pode ser olvidado, máxime pelos entes e órgãos governamentais, mormente quando se cogita de princípios e normas constitucionais, pois, se os detentores do poder elaborassem as leis e não as respeitassem, certamente se retornaria ao absolutismo monárquico, que não tem mais guarida na propalada era da *informática*.

A subordinação de todos os indivíduos – governantes e governados – à Constituição e as leis infraconstitucionais, é o que faz de um país um verdadeiro Estado Democrático de Direito, posto que fundado na legalidade democrática.

Destarte, não é demasiado afirmar que, para haver a legalidade democrática, torna-se imprescindível que a Constituição e demais normas legais tenham necessariamente de privilegiar a *justiça social*, reconhecendo o

---

[26] Obra citada, p. 109.

princípio da igualdade como força indispensável à construção de tão nobre mister. Sem a realização prática do princípio da igualdade, a justiça social ficará comprometida, e, portanto, a **igualdade social** não se concretizará, mister. Sem a realização prática do princípio da igualdade, a justiça social ficará comprometida, e, portanto, a **igualdade social** não se concretizará, permanecendo a sociedade como uma grande aglomeração de poucos privilegiados e muitos excluídos.

A **igualdade social** somente se efetivará, de acordo com Silva[27], "(...) pela busca da igualização das condições dos socialmente desiguais". Desse modo, para que isto aconteça, deve a lei, conforme arremata o citado constitucionalista, não ficar "numa esfera puramente normativa", devendo, "influir na realidade social".

Em sendo assim, a lei, como expressão do direito positivo e desdobramento indispensável das normas constitucionais, na construção do Estado Democrático de Direito, deve ter um papel preponderante de transformar a sociedade, à medida que procura contribuir para as mudanças sociais, dando ênfase a ações democráticas a serem impulsionadas pelo Estado em benefício de todos, por ser essa, indubitavelmente, a função construtiva da norma legal num Estado rotulado de Estado de Direito, melhor dizendo, de Estado Democrático de Direito.

Ao objetivar a realização do Estado Democrático de Direito, a Lei Maior estabelece, entre tantos outros, alguns princípios elementares que contribuirão para a consagração desse processo político-jurídico na busca da justiça social:

- **Princípio da constitucionalidade:** a sociedade brasileira deve ser regida por uma Constituição a que todos, cidadãos e Governo, devem obediência.

- **Princípio da democracia:** (representativa, participativa e pluralista) o povo participa do Governo do país, elegendo os seus representantes que a ele dever prestar constas de seus atos e agir com transparência; o

---

[27] Obra citada, p. 110.

povo participa das ações governamentais, podendo sugerir, criticar e fazer mudanças; somos uma sociedade plúrima, com diversos partidos políticos, inúmeras religiões, podendo ter livre pensamento filosófico, religioso e político, bem como e liberdade de expressão.

• **Princípio do respeito aos direitos fundamentais:** (individuais, coletivos, sociais) os direitos individuais, coletivos e sociais devem ser respeitados, tendo por corolário a *dignidade da pessoa humana* em todos os sentidos.

• **Princípio da justiça social:** (promoção da ordem econômica e da ordem social) – a ordem econômica não deve estar comprometida apenas com o desenvolvimento econômico, mas também com o bem-estar de todos, devendo ter sustentabilidade e compromisso com a geração de empregos e salários justos; todos devem ter direito à educação, saúde, segurança, trabalho, alimentação, previdência e assistência social.

• **Princípio da igualdade ou isonomia:** este princípio tem duas finalidades: a isonomia formal e a material. A *isonomia formal* diz respeito à igualdade de todos perante a lei; enquanto a *isonomia material* consiste na redução nas desigualdades de fato originadas do meio cultural, social ou econômico.[28]

• **Princípio da separação dos poderes:** é um dos postulados básicos do Estado democrático. Os poderes do Estado – o Legislativo, o Executivo e o Judiciário –, no Brasil, são *independentes* e *harmônicos* entre si, nos termos do disposto no artigo 2º da Constituição Federal. Cada um dos poderes possui função e competência próprias; nenhum deles poderá invadir a seara do outro, a menos que a Constituição ou a lei permita.

---

[28] MOTTA, Sylvio; DOUGLAS, William. **Direito Constitucional**. Teoria de 800 Questões. 5 ed. ampl. e atual. Rio de Janeiro: 1999, p. 37.

• **Princípio da legalidade:** é o alicerce do Estado de Direito. Alguns entendem o princípio da legalidade como uma variação do direito à liberdade. Inobstante esta é limitada por aquele. Em virtude de tal princípio a autoridade administrativa só poderá fazer o que a lei autoriza, ao passo que o particular poderá fazer tudo o que a lei não proíbe.[29]

• **Princípio da segurança jurídica:** assegura a estabilidade das relações jurídicas impedindo a "desconstituição injustificada de atos ou situações jurídicas, mesmo que tenha ocorrido alguma inconformidade com o texto legal durante sua constituição. Muitas vezes o desfazimento do ato ou da situação jurídica por ele criada pode ser mais prejudicial do que sua manutenção, especialmente quanto a repercussões na ordem social. Por isso, não há razão para invalidar ato que tenha atingido sua finalidade, sem causar dano algum, seja ao interesse público, seja a direitos de terceiros.[30]

Em conclusão capitular, importante assinalar que sem a participação do cidadão no processo de democratização, com a cobrança permanente e incansável dos direitos que lhe pertencem e da aplicação das normas constitucionais e das leis em seu favor, jamais se terá uma sociedade justa, livre e democrática; uma sociedade que supere as desigualdades imperantes nas suas entranhas, e possa construir um regime democrático realizador da tão sonhada justiça social.

---

[29] Obra citada, p. 37.

[30] Disponível em:
http://www.jusbrasil.com.br/topicos/297017/principio-da-seguranca-juridica. Acesso em: 14 out. 2013.

Capítulo VII
OS DIREITOS INDIVIDUAIS COMO GARANTIA CONSTITUCIONALDO ESTADO DEMOCRÁTICO DE DIREITO

É inegável que o Estado é uma organização social de natureza essencialmente política, e por essa razão, o homem dela jamais se liberta. O homem por mais bem sucedido que seja na vida, em qualquer época e em qualquer sociedade, estará sempre condicionado à soberania do Estado. Conforme afirma Azambuja:[31] "O homem é um animal político, no sentido de que somente pode viver e aperfeiçoar-se na e pela sociedade política".

Em seguida o renomado doutrinador, seguindo a lição de Dabin, professor belga, relata que os direitos do Estado em relação ao indivíduo, que são os deveres do indivíduo para com o Estado, podem ser encarados sob dois aspectos: contribuição pessoal ao Estado em si mesmo, como instituição destinada ao bem público, e contribuição ou apoio às ordens editadas pelo Estado tendo em vista o bem público.

No entanto, de merecer atenção especial o fato de que não se pode encobrir que o cidadão terá que obedecer às ordens emanadas das autoridades e às leis, desde que tais autoridades e leis sejam **legítimas**. Pois, um Estado justo com autoridades legitimadas pela vontade de todos os cidadãos, deveras promoverá a justiça social, com a distribuição de benefícios sociais, ou seja, consagrará a **justiça distributiva**. Dessa forma o cidadão passará a ser respeitado nos seus inalienáveis direitos. E isso, é óbvio, só acontecerá num Estado Democrático de Direito, pois nele o indivíduo ao ver os seus direitos assegurados pela força maior – o Estado – exercerá a sua cidadania com toda plenitude.

O Estado, quando justo nas suas ações e dirigido por autoridades legítimas, respeita os indivíduos porque reconhece que estes possuem direitos, e que tais direitos não podem ser arrebatados pela esfera estamental em nenhuma hipótese fora da legalidade.

[31] AZAMBUJA, Darcy. **Teoria Geral do Estado**. 6 ed. Porto Alegre: Globo, 1976, p. 382.

Como visto, o Estado legitimado pela soberania popular possui um poder-dever em relação aos indivíduos, já que eles, os indivíduos, possuem direitos em relação ao próprio Estado. Um dos deveres maiores e talvez o mais importante da organização política estatal é a realização do bem público material e moral da coletividade, por meio dos mais variados serviços governamentais e administrativos. Sendo, desse modo, o Estado que produz e distribui os benefícios do bem público. É a isso que se intitula **justiça social** ou **justiça distributiva**.

Dentre os deveres de distribuição dos benefícios sociais pelo Estado, há também o respeito ao gozo dos direitos individuais que devem ser preservados por tal sociedade política. Os direitos de cidadania devem estar sempre assegurados pelo Estado.

É necessário salientar que à regra de justiça distributiva os juristas tratam de **igualdade civil** ou **igualdade perante a lei**.

A bem da verdade, com arrimo no discorrido acima, caso o Estado chegue a negar algum direito a um indivíduo qualquer, certamente estará negando a própria justiça distributiva ou justiça social.

O mestre Darcy Azambuja[32], em interpretação ao princípio da justiça distributiva, assevera:

> (...) se pode afirmar como princípio absoluto é que o Estado não tem o direito de excluir nenhum cidadão da participação nos benefícios que a sociedade política tem por fim oferecer, principalmente quando se trata dos direitos individuais. Não somente o Estado não deve oprimir ou perseguir esta ou aquela categoria social, mas também evitará toda e qualquer distinção odiosa em qualquer matéria civil, penal ou administrativa.

Mais adiante, abrilhanta o citado lente:[33]

---

[32] Obra citada, p. 386.
[33] Obra citada, p. 388.

O Estado moderno encaminha-se rapidamente no sentido da justiça distributiva através de uma abundante legislação social, notadamente no que respeita à proteção ao trabalhador, à infância, à velhice, aos enfermos e aos desamparados.

Cabe indagar qual o meio ideal de se evitar que o Estado afronte ou retire direitos individuais, que, não raras vezes, são elevados à categoria de normas ou princípios constitucionais.

Acredita-se que a resposta a tal indagação somente será possível a partir do aperfeiçoamento das instituições democráticas e quando os governantes tiverem consciência mais dos seus deveres do que dos seus próprios direitos, e por consequência o respeito às leis. Em outras palavras, quando o Estado que cria as leis submeter-se espontaneamente ao direito regido pelos mencionados comandos principiológicos e normativos.

Isso, indubitavelmente, somente acontecerá num Estado Democrático de Direito. Mesmo porque um Estado, como uma entidade produtora de leis e que a elas não se submeta não pode se autodenominar de Estado Democrático, nem muito menos de Estado de Direito.

A democratização do Estado passa pela conscientização de todos os cidadãos. Ora, jamais se terá um Estado de Direito se todos – governantes e governados - não procurarem exercitar as normas legais, respeitando-as e cumprindo a Carta Constitucional.

É oportuno lembrar o que afirmou o Presidente americano, Thomas Jefferson, citado por Claudino Piletti, sobre o significado do Estado:

> Que constitui um Estado?
> Não cidadelas erguidas, nem barreiras trabalhadas;
> Nem espessas muralhas ou portões protegidos por fossos;
> Nem cidades altivas, coroadas de pináculos e torres;
> Não! Homens de espírito elevado;
> Homens que conhecem seus deveres;
> Mas que conhecem seus direitos, e, conhecendo, ousam sustentá-los;

Estes constituem o Estado.[34]

Para Morgan, citado pelo constitucionalista José Afonso da Silva:

> A democracia no governo, a fraternidade na sociedade, a igualdade de direitos e privilégios e a educação universal, antecipam o próximo plano mais elevado da sociedade, ao qual a experiência, o intelecto e o saber tendem firmemente. Será uma ressurreição, em forma mais elevada, da liberdade, igualdade e fraternidade das antigas gentes.[35]

Ademais, de lembrar que os direitos individuais são considerados direitos *fundamentais da pessoa humana*, que não se efetivam apenas no plano constitucional ou infraconstitucional. São direitos que estão acima da vontade estatal e não brotaram apenas e tão-somente da obra do legislador. Não são, portanto, criação da lei no sentido especificamente jurídico. Pois, não surgiram por desejo do Estado ou mesmo do governante, mas da própria natureza e da inspiração divina. Por tal motivo são chamados de *direitos naturais*. Daí se inferir que os direitos individuais foram originados bem antes da conformação da sociedade política cognominada Estado.

É esse o entendimento do doutrinador Sahid Maluf:

> Os direitos fundamentais da pessoa humana não se efetivam apenas no plano constitucional ou intraestatal; são direitos supra-estatais. Não são criação da lei no sentido jurídico; são revelações das leis eternas e imutáveis que dirigem a humanidade. Não decorrem da vontade do Estado, porque antecedem e superam as organizações políticas, como tudo o que, provindo dos mistérios da onipotência divina, atravessa os séculos e os milênios a desafiar a pequenez da ciência humana. O Estado, por isso mesmo, não os outorga, mas os reconhece e os garante, no cumprimento da sua irrecusável missão de

---

[34] Obra citada, p. 93.

[35] Obra citada, p. 138.

harmonizar as contingências da vida terrena com os imperativos das leis de Deus. Se por um lado, como unidade do corpo social, o homem se subordina ao Estado, sujeitando-se às normas do direito positivo que dos governos dimanaram, por outro lado, como pessoa humana, possuindo direitos naturais e imprescritíveis, ele se sobrepõe ao Estado, limitando o poder público pela intangibilidade dos direitos, das faculdades das prerrogativas que o distinguem como criatura feita à imagem e semelhança do Criador, e que passa pelo mundo, caminhando ao impulso da sua própria consciência, para um destino transcendente e eterno.[36]

Prosseguindo nas suas saudáveis ponderações, o mestre Sahid Maluf tecendo comentários a respeito do título *Declaração de Direitos*, da Constituição Brasileira de 1969, atualmente denominado *Dos Direitos e Garantias Fundamentais*, na Constituição Federal de 1988, descreve:

(...) fica claro que nenhuma lei ordinária pode contrariar, na sua letra ou no seu espírito, os princípios enunciados na "Declaração de Direitos".[37]

E concluindo o seu elogiável tirocínio, na mesma obra e página, o referido doutrinador ainda argumenta:

Não basta declarar o direito; é preciso assegurar os meios conducentes ao seu pleno exercício.

Ora, só quem pode assegurar o exercício dos direitos fundamentais, e aqui se leia, os *direitos individuais*, é a pessoa estatal, e tal exercício tem que ser na sua plenitude, sob pena de descaracterizar o título que foi atribuído ao Estado, pela Lei Suprema, o de Estado Democrático de Direito.

---

[36] MALUF, Sahid. **Direito Constitucional**. 17 ed. São Paulo: Sugestões Literárias, 1985, p. 394.

[37] Obra citada, p. 395.

Pelo que se pode constatar da redação do artigo 1º da CF/88, colacionado no antecedido capítulo, o Brasil, quando da feitura de seu Estatuto Constitucional, abraçou o Estado Democrático de Direito sem qualquer condição a ser imposta. E consoante dito, os direitos individuais são uma das garantias do Estado Democrático de Direito, que por sinal, encontram-se alocados na Carta Política Nacional no Título denominado *Dos Direitos e Garantias Fundamentais*, abrangendo este tema além daqueles, os direitos políticos e os direitos sociais.

Faz-se mister destacar que é unânime o entendimento doutrinário de que o capítulo que trata dos direitos e garantias individuais ostenta a fama de "(...) a parte mais importante das constituições dos Estados democráticos".[38]

O artigo 5º da nossa *Lex Fundamentalis* estabelece quais são os direitos e garantias individuais do cidadão brasileiro. São, sinteticamente, os que dizem respeito à vida, à liberdade, à igualdade, à segurança e à propriedade. Ressaltando, todavia, que os preceitos fundamentais acima arrolados não chegam a esgotar todos os direitos inerentes à pessoa humana, pois outros direitos decorrem dos princípios contidos no bojo da Constituição Federativa do Brasil.

---

[38] Obra citada, p. 95.

Capítulo VIII
O PRINCÍPIO DA ISONOMIA COMO UMA DAS GARANTIAS DA CONSTITUIÇÃO PARA O CIDADÃO

1. Definição da palavra Princípio

Apriori faz-se necessário buscar uma definição do que se entende sobre o vocábulo *princípio*.

A palavra princípio estando no singular tem o significado de:

> 1. Momento ou local ou trecho em que algo tem origem. 2. Causa primária; origem. 3. Preceito, regra.[39]

Já no plural o citado vocábulo passa a ter uma nova compreensão:

> 1. Proposições diretoras duma ciência.[40]

O Professor José Cretella Júnior, citado por Maria Sylvia Zanella de Pietro, define bem o que seja *princípio*:

> Princípios de uma ciência são as proposições básicas, fundamentais, típicas que condicionam todas as estruturações subseqüentes. Princípios, neste sentido, são os alicerces da ciência.[41]

O Título I da Constituição Federal de 1988 traz expressamente a denominação de *Princípios Fundamentais*. No entanto, a palavra *princípios*

---

[39] _____. **Miniaurélio Século XX: O minidicionário da língua portuguesa**. Aurélio Buarque de Holanda Ferreira. 5. ed. rev. e ampliada Rio de Janeiro: Nova Fronteira, 2001.

[40] Obra citada, p. 557.

[41] DI PIETRO, Maria Sylvia Zanella. **Direito Administrativo**. 12 ed. São Paulo: Atlas, 2000, p. 44.

ali consignada, apesar de também estar no plural, tem um significado de natureza jurídica, exprimindo a noção sucinta de *mandamento nuclear de um sistema*, no dizer de Celso Antonio Bandeira de Melo:

> (...) mandamento nuclear de um sistema, verdadeiro alicerce dele, disposição fundamental que se irradia sobre diferentes normas compondo-lhes o espírito e servindo de critério para sua exata compreensão e inteligência, exatamente por definir a lógica e a racionalidade do sistema normativo, no que lhe confere a tônica e lhe dá sentido harmônico.[42]

Interessa aqui apenas este último significado, considerando que a palavra **princípios**, esculpida no Título I da CF/88, expressa tudo aquilo que norteia o operador do direito e que mesmo não contendo **força normativa**, isto é, estando desprovida de conteúdo de mando, de uma afirmação ou de uma negação do direito, ainda assim, governos e governantes, instituições públicas ou privadas, organizações de qualquer tipo, o cidadão em geral, enfim, todos devem obedecê-los. Eis que por ser um *princípio,* passa a ser o núcleo de todo o sistema normativo, melhor dizendo, o centro do ordenamento jurídico.

2. Aparecimento do Princípio da Igualdade

O princípio da igualdade formal ou jurídica foi formulado há séculos na antiga Grécia. Tal princípio passou a ser denominado posteriormente de *princípio da isonomia.*

Os filósofos Heródoto, Péricles e Eurípedes, e com maior destaque, Aristóteles, chegaram a comentar a respeito da relevância do princípio da igualdade para a consagração do regime democrático helênico.

Mais tarde, com o surgimento do liberalismo, este regime político inseriu nas suas declarações de direitos – *Declaração Norte-americana e Francesa* –, o princípio da igualdade, como condição primordial para o

---

[42] Obra citada, p. 84.

efetivo exercício dos direitos de liberdade. É o que se pode inferir de alguns dispositivos das mencionadas declarações.

Na Declaração Norte-Americana foi reconhecido o seguinte direito:

> Art. 1º. Todos os homens nascem igualmente livres e independentes.[43]

Nos mesmos moldes a Declaração Francesa reconheceu o aludido direito:

> Art. 1. Os homens nascem e permanecem livres e iguais em direitos.[44]

Ademais, merece toda a atenção o que dispõe a Declaração Universal dos Direitos do Homem, proclamada pelos países associados a Organização das Nações Unidas - ONU, logo após o término da II Grande Guerra, em 1948:

> Art. 1º – Todos os seres humanos nascem livres e iguais em dignidade e direitos.
> ....
> Art. 7º – Todos são iguais perante a lei e têm direito, sem distinção, a uma igual proteção da lei.

Como é de constatar, a norma editada pelo organismo das Nações Unidas só fez confirmar o que fora anteriormente disposto nas declarações Norte-Americana e Francesa.

> O Princípio defendido pelo liberalismo político tem, pois, primeiramente, o sentido de uma negação formal do velho regime de desigualdade social: os homens nascem e se conservam iguais em dignidade e direitos; a desigualdade não tem fundamento no direito natural; os privilégios de castas ou classes, como criações arbitrárias do poder

---

[43] Declaração Norte-americana, de Virgínia de 1776.

[44] Declaração Francesa de 1789.

público, são incompatíveis com a dignidade da pessoa humana.[45]

As Constituições brasileiras, em busca de reproduzir os preceitos contidos nas prefaladas declarações de direitos, transcreveram nos seus textos o princípio da igualdade, considerando-o como **igualdade de todos perante a lei**, consagrando dessa feita o entendimento de que as pessoas são iguais em face da lei, e que ninguém deve ser diferenciado na aplicação da lei, estando na mesma situação jurídica. É a denominada **igualdade jurídica.**

3. O princípio da isonomia na Constituição de 1988

Os princípios fundamentais elencados no Título I da Carta Política Nacional, também apelidados por alguns juristas de **normas-princípio** e por outros de **normas fundamentais**, servem de alicerce ao desdobramento de inúmeros outros princípios de menor dimensão que, nem por isso, deixam de ser também normas superiores a serem obedecidas por todos os cidadãos e pelo próprio Estado. Dentre o rol destes últimos destaque-se o **princípio constitucional da isonomia**, preceito alocado no caput do artigo 5º do Texto Magno, que assim dispõe:

> Art. 5º – Todos são iguais perante a lei, sem distinção de qualquer natureza, garantindo-se aos brasileiros e aos estrangeiros residentes no País a inviolabilidade do direito à vida, à liberdade, à igualdade, à segurança e à propriedade, nos termos seguintes:

Percebe-se, então, pela redação do mencionado dispositivo constitucional a fixação de **regras limitadoras do poder do Estado**, ainda que se cogite de direito individual, pertencente a uma só pessoa ou a um grupo de pessoas.

> O art. 5º é uma proteção dos cidadãos em face do Estado, e não o contrário.[46]

---

[45] Obra citada, p. 398.

[46] Obra citada, p. 36.

Ressalte-se que o referido princípio, devido à sua relevância no mundo jurídico, na acepção de alguns estudiosos, estende-se da mesma maneira às pessoas jurídicas, que também devem ser protegidas das ações emanadas do poder estatal.

O princípio da isonomia ou da igualdade, não importando como seja tratado, norteia todas as relações jurídicas concernentes a qualquer ramo do direito, tal é a sua relevância.

Salutar não se perder de vista a distinção que costumeiramente se faz entre a *isonomia formal* e a *isonomia material*. Sendo certo que a primeira diz respeito à igualdade de todos os cidadãos perante a lei no seu sentido mais amplo, e que não impede as desigualdades fáticas provenientes da falta de aptidão ou oportunidades que o meio social e econômico proporcionam a cada pessoa. Enquanto a segunda, a igualdade material, visa equalizar a situação econômica das pessoas; possibilitando o mesmo bem-estar para todos.

Não é preciso esclarecer que a igualdade material carrega um certo sofisma, pois que impossível igualar as pessoas materialmente. Inobstante muitos pensem e acreditem nessa remota viabilidade. Pode sim, fazer-se contribuir para a redução das desigualdades imperantes entre as pessoas. E o direito pode ser um grande instrumento de transformação na busca da realização ou concretização da igualdade material.

Ora, quando se fala em igualdade formal, logo pressupõe a aplicação da lei de maneira igualitária para situações iguais, para que só assim não haja nenhuma injustiça. Inobstante aplique-se tal princípio para igualar situações desiguais. Certamente é uma maneira de promover a igualdade material. A título de exemplificação cite-se o caso de alguém, hipossuficiente, ter reconhecido os benefícios da justiça gratuita num processo.

O direito de postulação é igual entre as partes, porém, é dado a uma delas o direito de não desembolsar as despesas processuais, diante da sua precária situação econômica. Tudo isso para preservar o direito de isonomia postulatório.

Anote-se que apenas nos interessa discorrer sobre a isonomia formal ou a igualdade do cidadão em face da lei, considerando que a igualdade material possui uma certa conotação política, já que sua realização na vida real depende de ações puramente políticas. Muito embora o Poder Judiciário possa também contribuir para a sua concretização, não ficando tal mister na alçada específica dos governos.

É imprescindível afirmar que o princípio da igualdade constitui a pedra angular do regime democrático. Não se pode falar em democracia sem, contudo, considerar a igualdade como princípio norteador do pleno exercício da cidadania.

De um modo geral as constituições dos Estados democráticos têm adotado o princípio da isonomia no seu sentido puramente normativista, vale dizer, a **igualdade em relação à lei**. Não sendo o caso da Lei Maior brasileira, que procurou dar um realce diferente ao princípio da igualdade nela inserto.

Apesar de aparentar um sentido puramente formal, o princípio da igualdade, contido no artigo 5° da CF/88, tem como espírito a contribuição para que se realize obliquamente a **igualdade material**. Porquanto, na própria Carta Política Republicana há normas que buscam a promoção do nivelamento material por meio da concessão de direitos sociais a quem se depara com uma situação reconhecidamente desigual e injusta.

As ponderações que ora se faz são confirmadas pelo constitucionalista José Afonso da Silva com inteira precisão:

> A Constituição de 1988 abre o capítulo dos direitos individuais com o princípio de que todos são iguais perante a lei, sem distinção de qualquer natureza (art. 5°, caput). Reforça o princípio com muitas outras normas sobre a igualdade ou buscando a igualização dos desiguais pela outorga de direitos sociais substanciais. Assim é que, já no mesmo art. 5°, I, declara que homens e mulheres são iguais em direitos e obrigações. Depois, no art. 7°, XXX e XXXI, vêm regras de igualdade material, regras que

proíbem distinções fundadas em certos fatores, ao vedarem diferença de salários, de exercício de funções e de critério de admissão por motivo de sexo, idade, cor ou estado civil e qualquer discriminação no tocante a salários e critérios de admissão do trabalhador portador de deficiência.[47]

Ademais, de verificar que outras normas constitucionais detentoras de conteúdo isonômico, mesmo sendo normas eminentemente **programáticas**, favorecem à realização da igualdade material, e nem por isso deixam de ter um vínculo bastante restrito com a igualdade normativa.

José Afonso da Silva, ao comentar sobre tais diplomas constitucionais, deslancha:

> A previsão, ainda que programática, de que a República Federativa do Brasil tem como um de seus objetivos fundamentais reduzir as desigualdades sociais e regionais (art.3º, III), a veemente repulsa a qualquer forma de discriminação (art.3º, IV), a universalidade da seguridade social, a garantia ao direito à saúde, à educação baseada em princípios democráticos e de igualdade de condições para o acesso e permanência na escola, enfim a preocupação com a justiça social com objetivo das ordens econômica e social (arts. 170, 193, 196 e 205) constituem promessas de busca da igualdade material.[48]

E mais adiante conclui o citado autor:

> A Constituição procura aproximar os dois tipos de isonomia, na medida em que não se limita ao simples enunciado da igualdade perante a lei, menciona também igualdade entre homens e mulheres e acrescenta vedações a distinção de qualquer natureza e qualquer forma de discriminação.[49]

---

[47] Obra citada, p. 193.

[48] Obra citada, p. 194

Oportuno relatar que autores vários fazem distinção entre o **princípio da igualdade perante a lei** e o **princípio da igualdade na lei**. O primeiro diz respeito à aplicação obrigatória das normas jurídicas aos casos concretos, de acordo com o estabelecido na própria lei, ainda que tal norma cause uma discriminação. E aí temos a isonomia estritamente formal.

Por conseguinte, pelo princípio da igualdade na lei, não deve existir qualquer espécie de discriminação, salvo se autorizada pela Constituição. Essa exigência dever ser aplicada tanto em relação aos que criam as leis quanto aos que a aplicam a casos concretos.

Contudo, a citada distinção, no Brasil, não tem nenhuma razão de ser. É o que se pode concluir pelas assertivas do aludido lente:

> Entre nós, essa distinção é desnecessária, porque a doutrina, como a jurisprudência já firmaram, há muito, a orientação de que a igualdade perante a lei tem sentido que, no estrangeiro, se dá à expressão igualdade na lei, ou seja: o princípio tem como destinatário tanto o legislador como os aplicadores da lei.[50]

---

[49] Obra citada, p. 196.

[50] Obra citada, p. 197.

QUARTA PARTE
OS PRAZOS DA FAZENDA PÚBLICA E SUA TRANSGRESSÃO AO PRINCÍPIO CONSTITUCIONAL DA ISONOMIA

Capítulo IX
A DEFINIÇÃO DE ADMINISTRAÇÃO PÚBLICA
E DE FAZENDA PÚBLICA

1. A expressão Administração Pública

A compreensão das expressões **Administração Pública** e **Fazenda Pública** é por demais relevante para o aprofundamento do exposto estudo, uma vez que as suas definições não se confundem entre si, haja vista serem, por assim dizer, peças do mesmo xadrez, ou seja, da entidade estatal, dotadas de atribuições distintas.

Conceituar Administração Pública não é tarefa das mais fáceis, pois, muitos autores têm se debatido nesse sentido, encontrando dificuldades em fazê-lo. Talvez pelo próprio dinamismo da máquina estamental, ou até por conta da engenhosidade que esta detém, é que apresenta obstáculos à formulação de um conceito bem definido.

No entanto, uma coisa é certa, a Administração Pública tem um fim inarredável – o **interesse público**. Suas atividades estão voltadas para a promoção do bem-estar da coletividade. O desenvolvimento da educação, o estímulo à saúde, a garantia de um meio ambiente sadio, a erradicação da miséria, a geração de empregos, a destinação de moradias a quem não as possui e a organização do ordenamento urbano, são atividades da Administração Pública que não podem ser ignoradas pelo administrador na atualidade.

Na conceituação do doutrinador Hely Lopes Meirelles Administração Pública "é a gestão de bens e interesses qualificados da comunidade no âmbito federal, estadual ou municipal, segundo os preceitos do Direito e da Moral, visando ao bem comum".[51]

Ainda o renomado administrativista, citando o doutrinador italiano, Renato Alessi, na mesma obra e página, pondera:

---

[51] Obra citada, p. 79.

(...) subjetivamente a Administração Pública é o conjunto de órgãos e serviços do Estado e objetivamente é a expressão do Estado agindo *in concreto* para satisfação de seus fins de conservação, de bem-estar individual dos cidadãos e de progresso social.

O mestre José Cretella Júnior apresenta uma definição do que seja Administração Pública:

Administração é não só governo, Poder Executivo, como também a complexa máquina administrativa, o pessoal que a movimenta, a atividade desenvolvida por esse indispensável aparelhamento que possibilita ao Estado o preenchimento de seus fins.[52]

E continuando com suas clarividentes ponderações arremata:

Pelo que, Administração é a atividade que a máquina do Estado desenvolve, mediante o desempenho de atos concretos e executórios, para a consecução direta, ininterrupta e imediata do interesse público.

Para a professora Maria Sylvia Zanella Di Pietro a expressão Administração Pública tem dois sentidos, mais comumente utilizados:

a) **em sentido subjetivo**, formal ou orgânico, ela designa os entes que exercem a atividade administrativa; compreende pessoas jurídicas, órgãos e agentes públicos incumbidos de exercer uma das funções em que se triparte a atividade estatal: a função administrativa;

b) **em sentido objetivo**, material ou funcional, ela designa a natureza da atividade exercida pelos referidos entes; nesse sentido, a administração pública é a própria função administrativa que incumbe, predominantemente ao Poder Executivo.[53] (GRIFO NOSSO).

---

[52] Obra citada, p. 16.

A Administração Pública atua perante os administrados de vários modos, com o fito de atingir seus fins. No entendimento de Mota & Douglas, são modos de atuação da Administração Pública:

> • **Poder de Polícia**: limitação da liberdade individual a bem do interesse coletivo.
>
> • **Serviço Público**: é toda a atividade da administração que visa assegurar de modo permanente, contínuo e geral a satisfação das necessidades essenciais ou secundárias da coletividade.
>
> • **Ordenamento Econômico**: é a função da Administração de caráter disciplinador ou substitutivo das atividades econômicas privadas, no campo de produção, circulação e consumo de bens.
>
> • **Ordenamento Social**: consiste na imposição de uma disciplina ao desenvolvimento social, no sentido de organização da vida na sociedade, garantindo a dignidade humana.
>
> • **Fomento Público**: é a atividade de apoio e incentivo à iniciativa privada a fim de proporcionar desenvolvimento econômico e progresso sociocultural. A Administração apóia as iniciativas privadas que interessem à coletividade.[54] (GRIFO NOSSO).

2. A expressão Fazenda Pública

A conceituação de Fazenda Pública parece tarefa bem menos dificultosa do que definir Administração Pública, talvez por conta da menor abrangência da atuação daquela em face dos governados. A responsabilidade desta última é em larga escala; a da Fazenda Pública é específica, inobstante

---

[53] Obra citada, p. 54.

[54] Obra citada, p. 182.

seja o combustível que abastece os condutos de realização das ações a serem implementadas pela gestão pública.

De acordo com o Dicionário Jurídico da Academia Brasileira de Letras Jurídicas a expressão Fazenda Pública possui a seguinte definição:

> Conjunto de órgãos da administração destinados à arrecadação e fiscalização tributárias. Fisco, erário.[55]

A Administração Pública representa um conjunto de órgãos, dos quais a Fazenda Pública é um deles, sendo certo que o órgão fazendário é quem alimenta financeiramente todos os demais, e por isso, representa as finanças do Estado. Muitas vezes, devido à sua relevância, se confunde com o próprio Estado.

Convém observar que a Fazenda Pública, diferentemente da Administração Pública, tem como meta a arrecadação dos tributos (impostos, taxas e contribuições), com a finalidade de proporcionar suporte financeiro às atividades de governo ou estatais.

Rodrigues Bereijo, expondo sua abalizada opinião, elucida bem a distinção existente entre a atividade administrativa e a atividade financeira do Estado, *verbis*:

> (...) nota característica da atividade financeira é aquela que a distingue da atividade administrativa pelos mecanismos ou instrumentos através dos quais se atua. Neste sentido a atividade financeira se caracteriza por ser uma atividade de gestão direta e movimento do dinheiro público, abarcando o ciclo financeiro completo, que começa no momento em que o Estado retira rendas monetárias das economias privadas, as administra ou gestiona, fixando-as para o atingimento de determinados fins, e termina no momento em que o Estado emprega ou gasta os ingressos obtidos na

---

[55] SIDOU, Othon J. M. **Dicionário Jurídico da Academia Brasileira de Letras Jurídicas**. ed. Rio de Janeiro: Forense Universitária, 1991, p. 253.

forma de bens ou serviços públicos com objeto de satisfazer necessidades coletivas. Neste sentido a atividade financeira aparece qualificada precisamente pela nota característica de referir-se ao manejo de um bem instrumental por excelência, que é o dinheiro.[56]

Pondera o próprio Celso Ribeiro Bastos[57], com inteira precisão, que os objetivos fundamentais da atividade financeira são os de proporcionar recursos econômicos para o custeio da manutenção e funcionamento do Estado, assinalando que tal atividade de propiciar meios ao Estado está intimamente vinculada aos próprios fins do Estado.

Há de convir, portanto, que Administração Pública e Fazenda Pública exercem papéis diferenciados na vida pública. E atuam com distinção em relação à sociedade. Conquanto sejam membros do mesmo corpo jurídico: o Estado.

É salutar grifar que tal distinção não tem qualquer importância no tocante à responsabilidade civil originada das normais atividades do Estado.

Portanto, Fazenda Pública e Administração Pública são a mesma coisa, para efeito das obrigações contratuais ou extracontratuais assumidas pelo ente governamental perante os governados. Se uma firma um contrato, a outra arca com os dispêndios oriundos da contratação.

É de bom alvitre mencionar que judicialmente quem é acionado pelo cidadão é o Estado, que é a pessoa dotada de personalidade jurídica, e não, a Administração Pública ou seus individualizados órgãos, posto que estes, separadamente, não são dotados de **personalidade jurídica**. Contudo, acionando-se o Estado, acionada estará a Administração Pública, e por via oblíqua, a Fazenda Pública, pois é este órgão que na verdade dispõe dos recursos financeiros imprescindíveis ao atendimento das demandas judiciais implementadas.

---

[56] BASTOS, Celso Ribeiro. **Curso de Direito Financeiro e de Direito Tributário**. 3 ed. São Paulo: Saraiva, 1994, p. 8.

[57] Obra citada, p. 9.

Em síntese, acionando-se juridicamente o Estado acionar-se-á também a Administração Pública e, consequentemente, a Fazenda Pública; acionando-se a Fazenda Pública, por lógica, acionar-se-á a Administração Pública e, consequentemente, o Estado, considerando que são faces da mesma e única moeda.

Capítulo X
A FAZENDA PÚBLICA NO ORDENAMENTO
JURÍDICO BRASILEIRO: HISTÓRIA, ESPÉCIES
E REPRESENTAÇÃO JUDICIAL

O Brasil é uma República Federativa constituída pela união indissolúvel dos Estados, dos Municípios e do Distrito Federal. É o que estabelece o artigo 1º da Carta Cidadã de 1988, *verbis:*

> Art. 1º. A República Federativa do Brasil, formada pela união indissolúvel dos Estados e Municípios e do Distrito Federal, constitui-se em Estado democrático de direito e tem como fundamentos:[58]

Em assim sendo, em conformidade com a Suprema Cartilha, um dos princípios basilares e fundamentais que a estrutura do Estado brasileiro deve obediência é à Federação, por sinal uma das "cláusulas pétreas" inseridas pelo legislador constituinte, no § 4º, I, do artigo 60 da Lei Maior.

Ademais, em consonância com o diploma constitucional supratranscrito, o artigo 18 da Lei Suprema dispõe que: "A organização político-administrativa da República Federativa do Brasil compreende a União, os Estados, o Distrito Federal e os Municípios, todos autônomos, nos termos desta Constituição."

Consoante se pode inferir dos dispositivos acima, o Brasil é uma Federação. A forma federativa de estado tem origem na Constituição norte-americana de 1787.

A Federação brasileira tem seu nascedouro no decorrer do período colonial, pois quando o Brasil era colônia de Portugal houve a divisão do território nacional em capitanias, como meio de facilitar o desenvolvimento, o povoamento e a administração do país. Ainda que as capitanias,

---

[58] _____. **Constituição da República Federativa do Brasil**. Brasília: Senado Federal, Subsecretaria de Edições Técnicas, 2005, p. 13.

denominadas de **capitanias hereditárias**, fossem totalmente dependentes do poder central. Posteriormente, durante o Império o país esteve fragmentado em províncias, que, igualmente às capitanias, não gozavam de qualquer autonomia política.

Em virtude do histórico acontecimento da Proclamação da República, ocorrido em 15 de novembro de 1889, o território brasileiro foi cindido em **Estados autônomos**, hoje chamados de **Estados-membros** ou **Estados federados**. Desde então teve início a formação do sistema federativo brasileiro.

1. Os Estados Federados

Conforme visto, o Estado-membro foi a primeira entidade federativa criada no Brasil.

A **autonomia**[59] dada, primeiramente, aos Estados da Federação teve por objetivo a facilitação do enfrentamento de problemas econômicos, educacionais, políticos e sociais que os mesmos sofreriam em decorrência do processo de desenvolvimento do país. Sobejando à União – Governo Federal– as medidas relacionadas com a manutenção da integridade e Soberania Nacional.

Na atualidade os Estados são **esferas jurídicas regionais e autônomas**, com capacidade política e administrativa, possuindo competências e autoridades próprias que foram disseminadas no texto constitucional pelo constituinte de 1988, estando alocadas, respectivamente, nos artigos 25, § 1º, 27, 28 e 155.

---

[59] **Autonomia**. Segundo o jurista Francisco Mafra, autonomia é o poder das entidades de fazer as suas próprias leis e administrar os seus próprios negócios, sob qualquer aspecto, consoante as normas e princípios institucionais de sua existência e dessa administração. Disponível em:
http://www.ambito-juridico.com.br/site/index.php?n_link=revista_artigos_leitura&artigo_id=838. Acesso em 20 jan. 2017.

Oportuno informar que uma das competências atribuídas constitucionalmente aos Estados-membros, consiste na criação dos seus Municípios por meio de consulta plebiscitária à população diretamente interessada.

Os Estados, como é cediço, são representados política e administrativamente pelos seus Governadores e respectivos Secretários de Estado, com atribuições definidas e asseguradas pela Constituição Federal e pelas cartas constitucionais estaduais.

2. Os Municípios

Concernente aos Municípios pode-se afirmar que, para serem melhor administrados, os Estados-membros foram divididos em pequenos territórios que a eles deram origem.

Uma vez criado o Município, o mesmo passa a ter organização político-administrativa própria, por meio de Lei Orgânica local votada e aprovada por dois terços dos membros da Câmara Municipal, consoante estatui o artigo 29 da CF/88.

Os Municípios, igualmente aos Estados federados, conforme dito, possuem administração personalizada, e na atual Carta Política detêm maior importância, posto que passaram a ter um elevado grau de **autonomia** política, econômica e financeira, assim como, **capacidade legislativa suplementar**[60], nos termos do artigo 30, II, da antefalada Lei Máxima.

A capacidade política e as competências privativas dos Municípios encontram-se insculpidas nos artigos 29 e 30 do Estatuto Constitucional.

Cabe anotar, finalmente, que os Municípios são considerados na Federação brasileira como **entidades de terceiro grau**.

---

[60] **Capacidade legislativa suplementar.** É a competência de poder promulgar leis que suplementem a Constituição Federal, as leis federais e estaduais, no que lhe couber.

Em relação ao Município, leciona o mestre Hely Lopes Meirelles:

> O Município brasileiro é entidade estatal integrante da Federação. Essa integração é uma peculiaridade nossa, pois em nenhum outro Estado Soberano se encontra o Município como peça do regime federativo constitucionalmente reconhecida. Dessa posição singular sua autonomia político-administrativa, diversamente do que ocorre nas demais Federações, em que os Municípios são circunscrições territoriais meramente administrativas.[61]

No mesmo sentido o ilustrado Professor José Afonso da Silva reconhece a existência do Município como **entidade estatal autônoma** componente da Federação brasileira:

> Agora foi-lhes reconhecido o poder de auto-organização, ao lado do *governo próprio* e de *competências exclusivas*, e ainda com ampliação destas, de sorte que a Constituição criou verdadeiramente uma nova instituição municipal no Brasil. Por outro lado, não há mais qualquer hipótese de prefeitos nomeados. Tornou-se plena, pois, a capacidade de autogoverno municipal entre nós. [62]

A autonomia municipal, igualmente à dos Estados federados, dá-se sob três aspectos relevantes: o **político** (eleição dos governantes e feitura das normas legislativas locais); o **administrativo** (organização e execução dos serviços públicos) e o **financeiro** (arrecadação e aplicação dos tributos municipais).

Conforme é do conhecimento de todos, a representação política dos Municípios é feita pelo seu Prefeito e respectivos Secretários Municipais.

3. A União

---

[61] Obra citada, p. 671-672.

[62] Obra citada, p. 545.

Os Estados federados, os Municípios e o Distrito Federal são pessoas jurídicas de direito público interno. Porém, não somente tais esferas governamentais podem ser assim consideradas. A União, apesar de ser uma **figura fictícia**, abstrata, produto de criação da lei, também é uma **pessoa jurídica de direito público interno**, dotada de instrumentos legais que a tornam assim.

No entanto, destaque-se que a União tem como as demais esferas governamentais, **capacidade legislativa** e **representação política**, e com muito maior abrangência do que as prefaladas unidades federativas, vez que representa a Federação no plano internacional, agindo sob manto da plena **soberania**.

Embora não sendo uma das Unidades da Federação, pois, não possui território próprio, mesmo assim é considerada **entidade federativa**, para efeitos políticos e jurídicos.

Ademais, é uma pessoa jurídica internamente **autônoma** frente às demais.

Anote-se por derradeiro que a União tem órgãos distribuídos por todo o país, sendo representada pelo Presidente da República e seus Ministros.

4. O Distrito Federal

Além da União, dos Estados-membros e dos Municípios, a Federação do país completa-se com o Distrito Federal, que fica localizado no **Planalto Central do Brasil**, onde está construída a cidade de **Brasília**, a Capital Federal.

O Distrito Federal é uma entidade político-administrativa híbrida. Não é Estado-membro e nem tampouco Município. E a Constituição não permite a sua divisão em Municípios. Ao Distrito Federal são atribuídas as **competências legislativas reservadas aos Estados e Municípios**. Daí ser chamado de **entidade estatal anômala**. Também é uma considerada uma Unidade federativa **autônoma**.

Portanto, como os municípios, os estados membros e a União, o Distrito Federal é também uma **pessoa jurídica de direito público interno**.

Feitas as retro citadas considerações, importante especificar que em razão de serem pessoas jurídicas de direito público, posto que têm personalidade jurídica própria, com responsabilidade política, administrativa, jurídica e financeira, quando acionados judicialmente, a União, os Estados, os Municípios e o Distrito Federal recebem a denominação de **Fazendas Públicas**. E por isso são denominadas, respectivamente, de **Fazenda Pública Federal**, **Fazenda Pública Estadual**, **Fazenda Pública Municipal** e **Fazenda Pública Distrital**.

Outrosmais, a representação judicial ativa e passiva da União, dos Estados, dos Municípios e do Distrito Federal, como **autores**, **réus**, **assistentes** ou **opoentes**, é feita por seus procuradores judiciais ou advogados constituídos para certos processos (art.12, I, CPC). Destacando-se, entretanto, que os Municípios são representados judicial ou extrajudicialmente, por seu Prefeito, por intermédio de advogado legalmente habilitado ou por procurador pertencente ao seu quadro efetivo de servidores, em conformidade com as exigências do citado artigo 12, II, do Digesto Processual Civil.

Ressalve-se, porém, que o Estado se modernizou com o tempo, tornando-se uma sociedade política a serviço dos governados, inobstante ainda continue servindo de proteção a todos quantos monopolizam o sistema econômico, sendo bem provável que assim permaneça por decênios, servindo mais aos que possuem riquezas, e nesse sentido, confrontando-se com os interesses da massa proletária detentora de interesses que não satisfazem àqueles que monopolizam o poder estatal.

Daí, constata-se, em apertada síntese, que a finalidade da criação do Estado teve por finalidade a preservação dos interesses privados de uma classe dominante que se contrapõe aos interesses da classe dominada, em evidentes prejuízos à coletividade.

Capítulo XI
AS PRERROGATIVAS DA FAZENDA PÚBLICA
NA LEGISLAÇÃO BRASILEIRA

1. Prerrogativas quanto aos prazos fazendários

É bem verdade que a Fazenda Pública, na condição de autora ou ré, assistente ou opoente, litiga em situação semelhante à do cidadão, sendo exceção os prazos para efeito de **contestação** ou para a interposição de **recursos**.

No antigo Código de Processo Civil, o prazo fazendário para contestar era em *quádruplo* e para interpor recursos se dava em *dobro,* consoante estabelecia o artigo 188, com redação alterada pela Medida Provisória n. 1.906-11, de 25 de novembro de 1999.

Esses prazos processuais foram alterados pela Lei nº 13.105/2015 (atual Código de Processo Civil). É o que se constata do disposto no artigo 183:

> Art. 183. A União, os Estados, o Distrito Federal, os Municípios e suas respectivas autarquias e fundações de direito público gozarão de **prazo em dobro** para todas as suas manifestações processuais, cuja contagem terá início a partir da intimação pessoal.

Destaque-se que o aludido privilégio processual já era reconhecido não somente para o juízo de primeiro grau, mas também nos tribunais superiores. É o que se pode inferir da Súmula 116 do STJ: "A Fazenda Pública e o Ministério Público têm prazo em dobro para interpor agravo regimental no Superior Tribunal de Justiça".[63]

---

[63] ANGHER, Anne Joyce (org.). **Vade Mecum Acadêmico de Direito RIDEEL**. 11 ed. São Paulo: Rideel, 2010, p. 1951.

Conforme demonstrado, a *novatio legis* extinguiu o prazo **em quádruplo** para a resposta do demandado, e o prazo **em dobro** que era previsto tão somente para os recursos a serem interpostos, agora é normatizado para todas as manifestações processuais dos entes federativos.

O parágrafo 2º do mencionado diploma legal ressalva que o benefício da contagem em dobro não será aplicado se a lei, de forma expressa, estabelecer prazo próprio para a entidade governamental.

> Art. 183..
>
> § 2º Não se aplica o benefício da contagem em dobro quando a lei estabelecer, de forma expressa, prazo próprio para o ente público.

Ademais, o artigo 910 do novel código, estabelece que o prazo para oposição de **embargos do devedor**, em se cogitando de execução fundada em título extrajudicial, será de 30 (trinta) dias, nesse caso não se aplicando a norma legal contida no artigo 183 retro transcrita. Trata-se de regra específica.

Numa análise combinatória entre artigos 183, 437, § 1º, 1.009, § 2º, 1.028, § 2º e 1.030 da Lei 13.105/2015, chega-se à conclusão em que a Fazenda Pública tem o **prazo em dobro** para oferecer **réplica** à contestação, assim como, para apresentar **contrarrazões** a recursos interpostos pela parte contrária.

Entretanto, é oportuno assinalar que a Fazenda Pública, quando em informações na **ação de mandado de segurança**, não tem prazo dilatado, pois se cogita de ação regida por **lei especial** e de **rito sumário**. Nesse caso fosse admitido a extensão de prazo, deveras descaracterizaria a natureza da ação mandamental que visa sobretudo proteger direito líquido e certo contra ato ilegal ou abusivo de autoridade pública.

2. Prerrogativas quanto as citações e intimações

Em se tratando de *citações* em ações cognitivas (de conhecimento), ou mesmo executórias, contra a Fazenda Pública, bem como, de notificações para que a mesma pratique ou se abstenha de praticar algum ato de cunho administrativo, devem ser feitas na pessoa do **procurador** que tenha **poderes especiais** para recebê-las.

Nos termos da Lei nº 13.105/2015, artigo 535, nas **ações de execução** contra a Administração Pública o **representante judicial** do órgão é quem deve receber a intimação:

> Art. 535. A Fazenda Pública será intimada na pessoa de seu representante judicial, por carga, remessa ou meio eletrônico, para, querendo, no prazo de 30 (trinta) dias e nos próprios autos, impugnar a execução [...].

No tocante às *intimações* relativas ao andamento dos feitos, devem ser feitas na pessoa do causídico que esteja atuando no processo, não fazendo diferença se o próprio procurador da Fazenda ou advogado constituído nos autos, pelo que será realizada através de carga, remessa ou meio eletrônico.

3. Prerrogativas quanto à intimação do Ministério Público

Nas causas em que havia interesse da Fazenda Pública, era obrigatória a intervenção do Ministério Público, consoante determinava o artigo 82, III, do anterior CPC. Isso se dava pela simples razão de que uma prerrogativa do órgão ministerial era a **preservação do interesse público**.

Na verdade, não mudou muito esse entendimento, pois o Ministério Público continua intervindo nas causas nas quais haja **interesse público**. No entanto, de acordo com o parágrafo único do artigo 178 do novel diploma, nem sempre o órgão ministerial está obrigado a intervir no processo em que esteja presente a Fazenda Pública.

4. Prerrogativas quanto ao reexame necessário

Nas decisões proferidas contra a União, os Estados, o Distrito Federal e o Município, e respectivas autarquias e fundações de direito público, o processo sempre foi remetido à instância superior (tribunal), uma vez que tais decisões devem se submeter ao denominado **reexame necessário**.

O reexame necessário é uma forma de sujeitar as sentenças do juízo *a quo* ao duplo grau de jurisdição, independente de recurso voluntário ofertado pelas partes, só vindo então a produzir os seus efeitos necessários depois de confirmadas pelo juízo *ad quem*.

A sobredita previsão legal encontrava-se disposta no artigo 475, I, do CPC. Assim também nas decisões que julgassem **procedentes** total ou parcialmente os **embargos à execução** de dívida ativa da Fazenda Pública, ficando tais julgados submetidos ao reexame pelo tribunal respectivo, exigência que se encontra contida no artigo 475, II, do CPC.

Pela redação do artigo 496 do atual Código de Processo Civil [Lei n. 13.105, de 16/03/2015], está sujeita ao **duplo grau de jurisdição**, não produzindo efeito senão depois de confirmada pelo tribunal, a sentença:

> I - proferida contra a União, os Estados, o Distrito Federal, os Municípios e suas respectivas autarquias e fundações de direito público;

> II - que julgar procedentes, no todo ou em parte, os embargos à execução fiscal.

Em tais situações, uma vez não tendo sido interposto o recurso de apelação no prazo legal, o magistrado deverá determinar a remessa do processo à instância superior, pois caso não o faça o presidente do Tribunal poderá avocar os autos para o respectivo julgamento do prefalado recurso de ofício.

De acordo com o novel diploma legal, o juiz somente não aplicará a remessa necessária quando a condenação ou o proveito econômico obtido na causa for de valor certo e inferior a:

> I - 1.000 (mil) salários-mínimos para a União e as respectivas autarquias e fundações de direito público.

> II - 500 (quinhentos) salários-mínimos para os Estados, o Distrito Federal, as respectivas autarquias e fundações de

direito público e os Municípios que constituam capitais dos Estados.

III - 100 (cem) salários-mínimos para todos os demais Municípios e respectivas autarquias e fundações de direito público.

De ver que a atual norma processual apenas restringiu as hipóteses de cabimento do recurso necessário, conforme os valores econômicos atribuídos na condenação. Desse modo, somente as sentenças de maior vulto serão atingidas pelo **duplo grau de jurisdição obrigatório**.

O diploma processual civil atual também estabelece no artigo 496, § 4º que não haverá duplo grau de jurisdição obrigatório quando a decisão judicial tiver sido fundamentada em:

a)   súmula de tribunal superior;

b)   acórdãos do Supremo Tribunal Federal e do Superior Tribunal de Justiça em recursos repetitivos;

c)   entendimento vinculante do próprio ente público;

d)   resoluções de demandas repetitivas;

e)   assunção de competência.

Pelo discorrido, o atual CPC, de maneira positiva, inegavelmente ampliou de forma considerável as hipóteses negativas para a remessa oficial, de alguma forma favorecendo a parte mais fraca da relação processual, o cidadão.

5. Prerrogativas quanto à execução das decisões judiciais

Diferentemente do que acontece em relação ao cidadão, na execução dos julgados por quantia certa contra a Fazenda Pública, os bens de propriedade do Estado não estão sujeitos aos institutos da **penhora** e do **arresto**, podendo haver o **sequestro** de quantias determinadas para a devida satisfação do débito, caso não seja atendida a requisição emitida pelo Presidente do Tribunal competente, ou alterada a ordem de pagamento dos precatórios (CF, art. 100 e arts. 730/731 do CPC).

Todavia, as esferas administrativas inferiores podem sofrer intervenção federal ou estadual. Os Estados pela União, e os Municípios por seus respectivos Estados (CF, arts. 34, VI e 35, IV), um fato incomum e de difícil possibilidade pelo credor da Fazenda Pública.

Nos termos do artigo 535 da Lei n. 13.105/2015, a Fazenda Pública será intimada na pessoa de seu **representante judicial**, por carga, remessa ou meio eletrônico, para, querendo, no prazo de 30 (trinta) dias e nos próprios autos, impugnar a execução, podendo arguir uma das situações estatuídas nos incisos I a VI do respectivo artigo.

Ainda de acordo com o estabelecido no artigo 535, caso a Fazenda Pública não promova a impugnação da execução ou sejam rejeitadas suas arguições, o juiz seguindo o determinado pela Constituição Federal deverá expedir, por intermédio do presidente do tribunal competente, precatório em favor do exequente.

Outrossim, poderá o juiz ordenar à autoridade do ente público que esteve citado no processo, para o pagamento de obrigação de pequeno valor, a ser feita no prazo de 2 (dois) meses, a contar da entrega da requisição, mediante depósito na agência de banco oficial mais próxima da residência do exequente.

O Digesto Processual Civil anterior, elencava especificamente sobre a Execução por quantia certa contra a Fazenda Pública, nos prefalados artigos 730 e 731, que estabeleciam:

> Art. 730. Na execução por quantia certa contra a Fazenda Pública, citar-se-á a devedora para opor embargos em 10 (dez) dias; se esta não os opuser, no prazo legal, observar-se-ão as seguintes regras:

> I - o juiz requisitará o pagamento por intermédio do presidente do tribunal competente;
>
> ....
>
> Art. 731. Se o credor for preterido no seu direito de preferência, o presidente do tribunal, que expediu a ordem, poderá, depois de ouvido o chefe do Ministério Público, ordenar o sequestro da quantia necessária para satisfazer o débito.

Portanto, consoante observado, a execução era concretizada sempre através de processo autônomo, seja o título judicial ou extrajudicial.

Segundo as lições fixadas nos dispositivos retro, o procedimento era sintetizado apenas em um requerimento do Poder Judiciário, dirigido ao Poder Executivo, para que este promovesse o pagamento do débito, com observância à ordem de preferência entre os credores da Fazenda Pública.

No atual Código de Processo Civil, as sentenças condenatórias contra a Fazenda Pública, para o pagamento de quantia certa, serão executadas no mesmo processo em que proferidas, não havendo mais necessidade de postulação por meio de **processo autônomo**, por ser pautada em título executivo judicial, tal como ensinam as disposições legais contidas nos artigos 534 e 535do CPC/2015, pelo que o credor terá a incumbência de apresentar **demonstrativo discriminado e atualizado do crédito**, *verbis*:

> Art. 534. No cumprimento de sentença que impuser à Fazenda Pública o dever de pagar quantia certa, o exequente apresentará demonstrativo discriminado e atualizado do crédito contendo:

No entanto, de observar que a Fazenda Pública tem o privilégio legal de impugnar a execução intentada pelo executado, no prazo de 30 [trinta] dias, podendo alegar vários motivos de natureza jurídica, viabilizando a procrastinação do feito. É o que se pode inferir da dicção dos artigos 535 e 910/CPC, *verbis*:

Art. 535. A Fazenda Pública será intimada na pessoa de seu representante judicial, por carga, remessa ou meio eletrônico, para, querendo, no prazo de 30 (trinta) dias e nos próprios autos, impugnar a execução, podendo arguir:

I - falta ou nulidade da citação se, na fase de conhecimento, o processo correu à revelia;

II - ilegitimidade de parte;

III - inexequibilidade do título ou inexigibilidade da obrigação;

IV - excesso de execução ou cumulação indevida de execuções;

V - incompetência absoluta ou relativa do juízo da execução;

VI - qualquer causa modificativa ou extintiva da obrigação, como pagamento, novação, compensação, transação ou prescrição, desde que supervenientes ao trânsito em julgado da sentença.

....

Art. 910. Na execução fundada em título extrajudicial, a Fazenda Pública será citada para opor embargos em 30 (trinta) dias.

§ 1º Não opostos embargos ou transitada em julgado a decisão que os rejeitar, expedir-se-á precatório ou requisição de pequeno valor em favor do exequente, observando-se o disposto no art. 100 da Constituição Federal.

§ 2º Nos embargos, a Fazenda Pública poderá alegar qualquer matéria que lhe seria lícito deduzir como defesa no processo de conhecimento.

De anotar que a lei facilita por um lado, para o cidadão, com a possibilidade de este executar a sentença nos próprios autos, mas por outro apresenta obstáculos com as exigências estabelecidas no artigo 534/CPC, pois, como se sabe, o exequente não tem a estrutura técnica que a Fazenda Pública dispõe para promover os devidos cálculos do débito e respectiva atualização monetária, causando a legislação, com isso, tremenda dificuldade no recebimento dos seus créditos pelo exequente.

Nos termos do artigo 523/CPC, para efeito de cumprimento de sentença e execução de título extrajudicial, o exequente terá de apresentar **demonstrativo discriminado e atualizado** do crédito, contendo:

- nome completo e o número de CPF ou de CNPJ, se for o caso, do exequente.

- índice de correção monetária anotado.

- juros aplicados e as respectivas taxas.

- termo inicial e o termo final dos juros e da correção monetária.

- periodicidade da capitalização dos juros, se for o caso.

- especificação dos eventuais descontos obrigatórios realizados.

O demonstrativo discriminado e atualizado do crédito possibilita à Fazenda Pública impugnar os valores levados à execução pelo exequente, muitas vezes só pelo fato de querer a demora no pagamento do *quantum debetur*.

6. Prerrogativas quanto à execução fiscal

A Fazenda Pública e suas autarquias promovem a execução judicial de sua dívida ativa, com fulcro na Lei n. 6.830, de 22.9.80 (Lei de Execução

Fiscal), assim como, nas disposições do Digesto Processual Civil. Ressaltando-se que a primeira norma legal tem natureza substantiva e adjetiva.

Fundamental destacar que o aludido diploma normativo, muito embora tenha simplificado e contribuído para agilizar os executivos fiscais postulados pela Fazenda Pública contra o contribuinte [cidadão], cometeu **desigualdades processuais** entre as partes. Atentemos para o que diz doutrinador Hely Lopes Meirelles[64] sobre tal disparidade ocasionada pela referida Lei em comento:

> Esta lei visou a agilizar e simplificar o processo de execução judicial da dívida ativa, mas o fez com tais vantagens para a Fazenda que desigualou processualmente as partes, cometendo inconstitucionalidades em alguns de seus dispositivos.

De assinalar, finalmente, que, com a edição da Lei n. 8.397, de 6 de janeiro de 1992, esteve instituída a **medida cautelar fiscal**, pela qual a Fazenda Pública poderá pleitear a decretação judicial de **indisponibilidade dos bens** do sujeito passivo do crédito tributário até o limite da respectiva dívida.

O artigo 4º e seus parágrafos, do supradito comando legal, estabelece:

> Art. 4° A decretação da medida cautelar fiscal produzirá, de imediato, a indisponibilidade dos bens do requerido, até o limite da satisfação da obrigação.
>
> § 1° Na hipótese de pessoa jurídica, a indisponibilidade recairá somente sobre os bens do ativo permanente, podendo, ainda, ser estendida aos bens do acionista controlador e aos dos que em razão do contrato social ou estatuto tenham poderes para fazer a empresa cumprir suas obrigações fiscais, ao tempo:

---

[64] Obra citada, p. 629.

a)   do fato gerador, nos casos de lançamento de ofício;

b)   do inadimplemento da obrigação fiscal, nos demais casos.

§ 2° A indisponibilidade patrimonial poderá ser estendida em relação aos bens adquiridos a qualquer título do requerido ou daqueles que estejam ou tenham estado na função de administrador (§ 1°), desde que seja capaz de frustrar a pretensão da Fazenda Pública.

§ 3° Decretada a medida cautelar fiscal, será comunicada imediatamente ao registro público de imóveis, ao Banco Central do Brasil, à Comissão de Valores Mobiliários e às demais repartições que processem registros de transferência de bens, a fim de que, no âmbito de suas atribuições, façam cumprir a constrição judicial.

A medida não deixa de ser injusta, em razão de se decretar a indisponibilidade dos bens do devedor desconhecendo-se a sua causa. Uma coisa é o devedor entrar em inadimplência por desorganização ou desleixo pessoal, e uma outra seria por razões de enfermidade na família ou outro problema justificador de sua situação financeira, assim como momentos de crise econômica do país.

7. Prerrogativas quanto às despesas judiciais

A Lei n. 6.830, de 22.9.80 (Lei de Execução Fiscal) estabelece que a Fazenda Pública não se submete ao pagamento de custas e emolumentos:

Art. 39 - A Fazenda Pública não está sujeita ao pagamento de custas e emolumentos. A prática dos atos judiciais de seu interesse independerá de preparo ou de prévio depósito.

No caso de *recursos interpostos* das decisões judiciais, quer de primeira quer de segunda instância, está a Fazenda Pública, e suas autarquias, dispensada de promover o **preparo**.[65] Era o que dispunha o § 1° do artigo 511 da anterior Lei Processual Civil:

Art.511...

§ 1º – São dispensados de preparo os recursos interpostos pelo Ministério Público, pela União, pelos Estados e Municípios e respectivas autarquias, e pelos que gozam de isenção legal.

Na dicção do artigo 1.007 do atual Código de Processo Civil, no ato de interposição do recurso, o recorrente comprovará, quando exigido pela legislação pertinente, o respectivo preparo, inclusive porte de remessa e de retorno, sob pena de deserção do prefalado recurso.

No entanto, a Lei n. 13.105, de 16 de março de 2015, que deu origem ao citado digesto processual civil, manteve a mesma redação do CPC anterior, em nada alterando o privilégio legal da Fazenda Pública. *Verbis*:

Art. 1.007. No ato de interposição do recurso, o recorrente comprovará, quando exigido pela legislação pertinente, o respectivo preparo, inclusive porte de remessa e de retorno, sob pena de deserção.

§ 1º São dispensados de preparo, inclusive porte de remessa e de retorno, os recursos interpostos pelo Ministério Público, pela União, pelo Distrito Federal, pelos Estados, pelos Municípios, e respectivas autarquias, e pelos que gozam de isenção legal.

Em conformidade com o estabelecido pelo artigo 85 do novel CPC, a sentença judicial condenará o vencido a pagar honorários ao advogado do vencedor e os honorários serão fixados entre o mínimo de dez e o máximo de vinte por cento sobre o valor da condenação, do proveito econômico obtido ou, não sendo possível mensurá-lo, sobre o valor atualizado da causa, atendidos:

---

[65] **Preparo.** Diz respeito ao pagamento de custas e porte de remessa do processo.

- o grau de zelo do profissional.

- o lugar de prestação do serviço.

- a natureza e a importância da causa.

- o trabalho realizado pelo advogado e o tempo exigido para o seu serviço.

De anotar que nas causas em que a Fazenda Pública for parte, a fixação dos honorários observará os critérios estabelecidos nos incisos I a V acima, observando-se os seguintes percentuais:

I - mínimo de dez e máximo de vinte por cento sobre o valor da condenação ou do proveito econômico obtido até 200 (duzentos) salários-mínimos.

II - mínimo de oito e máximo de dez por cento sobre o valor da condenação ou do proveito econômico obtido acima de 200 (duzentos) salários-mínimos até 2.000 (dois mil) salários-mínimos.

III - mínimo de cinco e máximo de oito por cento sobre o valor da condenação ou do proveito econômico obtido acima de 2.000 (dois mil) salários-mínimos até 20.000 (vinte mil) salários-mínimos.

IV - mínimo de três e máximo de cinco por cento sobre o valor da condenação ou do proveito econômico obtido acima de 20.000 (vinte mil) salários-mínimos até 100.000 (cem mil) salários-mínimos.

V - mínimo de um e máximo de três por cento sobre o valor da condenação ou do proveito econômico obtido acima de 100.000 (cem mil) salários-mínimos.

Pelo contido no § 5º do artigo 85, conforme o caso, a condenação contra a Fazenda Pública ou o benefício econômico obtido pelo vencedor ou o valor da causa for superior ao valor previsto no inciso I do § 3º (primeira faixa citada acima), a fixação do percentual de honorários deve observar a faixa inicial e, naquilo que a exceder, a faixa subsequente, e assim sucessivamente.

Nada a reclamar quanto à tabela de pagamento de honorários retro transcrita, trazida pelo novo CPC, inclusive, entendemos que a legislação avançou no aspecto de favorecer ao cidadão na relação processual com a Fazenda Pública quando esta sucumbir.

8. Prerrogativas quanto ao foro privativo

Se não bastasse tantos **privilégios processuais**, a Fazenda Pública de qualquer esfera governamental – federal, estadual, distrital ou municipal –, como regra, possui **foro especial** ou próprio, regulamentado pela Constituição Brasileira [art. 109, I], e pelas leis de Organização Judiciária federal [Lei n. 5.010, de 30.5.66] e estaduais.

De um modo geral o juízo privativo ou foro próprio da Fazenda Pública encontra-se em conformidade com a lei pertinente assim distribuído:

8.1 No âmbito da esfera Federal

A União demanda em primeira instância perante a **Justiça Federal**, junto aos Juízes Federais, excepcionando-se certas situações fixadas na própria Constituição, tais como causas referentes à **falência** e as de **acidentes de trabalho**, de competência da **Justiça Comum Estadual**. Em segunda instância, a União demanda perante os **Tribunais Regionais Federais**, em sede de **recurso ordinário**, de acordo com o estabelecido nos artigos 106, 108, inciso II, e 109, inciso I, da Lei Maior.

No que concerne a litígios decorrentes de relações de trabalho dos servidores da União, dependendo da *causa de pedir* e do *pedido*, as ações que lhe digam respeito deverão ser processadas na **Justiça do Trabalho** ou na **Justiça Federal**, conforme o caso.
8.2 No âmbito da esfera Estadual

Os Estados da Federação demandam nos **juízos estaduais** respectivos, perante as chamadas **Varas da Fazenda Pública**, situadas nas capitais dos

Estados. No entanto, se referindo a ações reais, o foro competente é o da situação da coisa, bem como, quando disser respeito a mandado de segurança, o foro é o da sede da autoridade coatora.

8.3 No âmbito da esfera Municipal

Nas causas que envolvam o Município, que é a pessoa jurídica legalmente considerada, quer como autor ou réu, o foro competente para dirimir o litígio é o da sua sede, correndo as ações nas varas cíveis ou penais da **Justiça Comum Estadual**, isto quando não exista no território do Município **Vara privativa da Fazenda Pública**, assim é o caso do Município de São Paulo.

9. Prerrogativas quanto às tutelas de urgência

A concessão de *medida liminar*, contra atos do Poder Público, encontra-se vedada pela Lei n. 8.437, de 30.6.92, nas **ações cautelares** ou em **ações de igual natureza**, isto quando não for possível a concessão de idêntica providência em **mandado de segurança**.

Concernente à medida liminar em face de atos do Poder Público, a professora Maria Sylvia Zanella Di Pietro[66] exemplifica algumas ações que sofrem tal restrição:

> (...) quando se tratar de ações que visem obter a liberação de mercadorias, bens ou coisas de qualquer espécie procedentes do estrangeiro (art.1º da Lei n. 2.770, de 4-5-56); nas ações que objetivam pagamentos de vencimentos vantagens pecuniárias a servidor (art.1º, § 4º, da Lei n. 5.021, de 9-6-66); reclassificação ou equiparação deservidores públicos, ou concessão ou aumento ou extensão de vantagens (art. 5º da Lei n. 4.348, de 26-6-64).

---

[66] Obra citada, p. 599.

A mesma restrição era feita à concessão de *tutela antecipada contra a Fazenda Pública*, que se encontrava prevista nos artigos 273 e 461 do antigo CPC.

Oportuno transcrever-se a redação ancorada no artigo 1º da Lei n. 9.494, de 10-9-97 que assim dispõe:

> Art. 1º – Aplica-se à tutela antecipada prevista nos arts. 273 e 461 do Código de Processo Civil o disposto nos arts. 5º e seu parágrafo único e 7º da Lei n. 4.348, de 26 de junho de 1964, no art. 1º e seu § 4 º da Lei n. 5.021, de 9 de junho de 1966, e nos arts. 1º, 3º e 4º da Lei n. 8.437, de 30 de junho de 1992.

De compreender que a intenção do legislador, no momento da aprovação do referido diploma legal, era evitar que, em virtude da **proibição da concessão de liminar em mandado de segurança**, a pessoa interessada se valesse da **medida cautelar** ou da **tutela antecipada** e com isso chegasse a ter o mesmo êxito processual.

Também, está previsto no artigo 4º da Lei n. 8.437, que no **mandado de segurança** o Presidente do tribunal é competente, em sede de recurso, para determinar a **suspensão da execução da liminar**, após fundamentar sua decisão, isto naquelas demandas intentadas contra o Poder Público – Fazenda Pública – ou seus agentes, com vistas a preservar o ente estatal da ocorrência de **grave lesão à ordem, à saúde, à segurança e à economia públicas.**

10. Prerrogativas quanto aos prazos prescricionais

A prescrição das ações intentadas contra a Fazenda Pública, e mesmo daquelas ajuizadas em seu favor, obedece aos princípios estabelecidos pelo Código Civil pátrio, ressalvando-se o contido em *leis especiais*.

Em se tratando de **ações pessoais** propostas contra a Fazenda Pública e suas autarquias, a prescrição dá-se em **cinco anos**, segundo as normas insculpidas no Decreto n. 20.910, de 6 de janeiro de 1932, complementado pelo Decreto Lei n. 4.597, de 19 de agosto de 1942, distintamente da prescrição de ações pessoais postuladas contra pessoas jurídicas de direito privado que possuem um prazo dilatado de *vinte anos*.

No tocante à prescrição, das demandas judiciais intentadas pela Fazenda Pública contra os cidadãos em geral, tem embasamento na legislação civil e comercial, dependendo do tipo de ação. Contudo, tratando-se de **cobrança de crédito tributário** a prescrição ocorre no prazo de **cinco anos**, conforme alude o Código Tributário Nacional, no seu artigo 174.

11. Prerrogativas quanto ao perdimento de bens em favor do Estado

A Constituição Republicana de 1988, consoante a redação do artigo 5°, incisos XLV e XLVI, admite não só o **sequestro** como o **perdimento de bens** pelos agentes públicos, e até mesmo de particulares, em prol da Fazenda Pública, assim como o ressarcimento integral do dano, desde que aqueles tenham provocado danos ao Erário ou enriquecidos ilicitamente durante o exercício de cargo, função ou emprego público, ainda que, exercendo função não gratificada, segundo as exigências legais dispostas no bojo da Lei n. 8.429, de 2 de junho de 1992.

O artigo 12 do citado comando normativo é de clareza óbvia ao fixar que:

> Art. 12. Independentemente das sanções penais, civis e administrativas previstas na legislação específica, está o responsável pelo ato de improbidade sujeito às seguintes cominações, que podem ser aplicadas isolada ou cumulativamente, de acordo com a gravidade do fato: (Redação dada pela Lei nº 12.120, de 2009).
>
> I - na hipótese do art. 9°, **perda dos bens ou valores acrescidos ilicitamente ao patrimônio, ressarcimento integral do dano**, quando houver, perda da função pública, suspensão dos direitos políticos de oito a dez anos, pagamento de multa civil de até três vezes o valor do acréscimo patrimonial e proibição de contratar com o Poder Público ou receber benefícios ou incentivos fiscais

ou creditícios, direta ou indiretamente, ainda que por intermédio de pessoa jurídica da qual seja sócio majoritário, pelo prazo de dez anos.

II - na hipótese do art. 10, **ressarcimento integral do dano, perda dos bens ou valores acrescidos ilicitamente ao patrimônio**, se concorrer esta circunstância, perda da função pública, suspensão dos direitos políticos de cinco a oito anos, pagamento de multa civil de até duas vezes o valor do dano e proibição de contratar com o Poder Público ou receber benefícios ou incentivos fiscais ou creditícios, direta ou indiretamente, ainda que por intermédio de pessoa jurídica da qual seja sócio majoritário, pelo prazo de cinco anos;

III - na hipótese do art. 11, **ressarcimento integral do dano**, se houver, perda da função pública, suspensão dos direitos políticos de três a cinco anos, pagamento de multa civil de até cem vezes o valor da remuneração percebida pelo agente e proibição de contratar com o Poder Público ou receber benefícios ou incentivos fiscais ou creditícios, direta ou indiretamente, ainda que por intermédio de pessoa jurídica da qual seja sócio majoritário, pelo prazo de três anos.

12. Prerrogativas quanto à execução provisória das decisões judiciais

Pelo disposto no artigo 7°, parágrafo 2°, da Lei n. 12.016, de 7 de agosto de 2009, não será concedida **medida liminar** quando o objeto do mandado de segurança for **reclassificação** ou **equiparação** de servidores públicos, ou a **concessão de aumento** ou **extensão de vantagens**, ou **pagamento de qualquer natureza**.

Outra restrição de suma importância é a estabelecida pelo artigo 2°-B da Lei n. 9.494, de 10 de setembro de 1997 (acrescentado pela Medida Provisória n. 2.180-35, de 24 de agosto de 2001), que genericamente se refere a todas as sentenças contrárias à Fazenda Pública. O aludido diploma legal textualiza:

Art. 2º-B. A sentença que tenha por objeto a liberação de recurso, inclusão em folha de pagamento, reclassificação, equiparação, concessão de aumento ou extensão de vantagens a servidores da União, dos Estados, do Distrito Federal e dos Municípios, inclusive de suas autarquias e fundações, somente poderá ser executada após seu trânsito em julgado.

Desse modo, a execução do mandado segurança somente será feita depois de transitada em julgado a respectiva sentença, não podendo haver **execução provisória** do julgado.

Em lúcida interpretação ao preceito legal retrocitado, a professora Maria Sylvia Zanella Di Pietro chegou a argumentar:

> (...) Nessas mesmas hipóteses, se proposta a ação cautelar, a sentença "só poderá ter caráter satisfativo quando transitada em julgado a sentença proferida na ação principal", conforme parágrafo único do mesmo artigo.[67]

Portanto, consoante esclarecido acima, não havendo trânsito em julgado da sentença proferida, não há falar em execução do julgado, nem mesmo de forma provisória.

13. Prerrogativas quanto ao oferecimento de impugnação nas execuções

Importa anotar que na dicção do antigo CPC (1973), mesmo depois de decidido o processo, com sentença favorável ao cidadão, não vindo a Fazenda Pública a cumprir o *decisum*, e sendo o caso de execução por quantia certa, a pessoa jurídica devedora, representada pela Fazenda Pública, era citada para opor **embargos** no prazo legal de **dez dias**, consoante determinava o artigo 730 do Código de Processo Civil.

No entanto, o artigo 534 do vigente CPC alterou significativamente o procedimento adotado pelo CPC de 1973, que preconizava um processo de execução autônomo contra a Fazenda Pública.

---

[67] Obra citada, p. 600.

Atualmente não será mais instaurado um processo autônomo de execução, com a citação da Fazenda Pública para a oposição de embargos, devendo o credor na dicção no novel diploma processual requerer o **cumprimento de sentença**, fazendo a intimação do devedor (Fazenda Pública) para apresentar a sua **impugnação** ao pedido de cumprimento de sentença enviado pelo credor.

De todo modo, é uma prerrogativa legal da Fazenda Pública ser intimada para ofertar impugnação.

Além da impugnação, permanece a necessidade de **trânsito em julgado da sentença prolatada**, para só assim haver a **expedição do precatório** (autorização judicial do pagamento ao devedor com tempo alongado), ou da **requisição de pequeno valor** (autorização judicial de pagamento imediato), conforme o disposto no art. 100 da Constituição Federal.

Nesse sentido, segundo alguns autores, a Fazenda Pública é dotada de algumas **prerrogativas** que lhe conferem um tratamento diverso daquele que é dado aos particulares.

Para os doutrinadores que defendem o direito de prerrogativa da Fazenda Pública, a atuação desta no processo, dá-se em virtude da existência do **interesse público** que deve ser preservado a todo custo, até mesmo pelo Poder Judiciário.

Segundo Inara de Pinho[68] "é esse mesmo interesse público que justifica uma atuação processual mais otimizada e ampla, evitando condenações injustificáveis ou prejuízos ao Erário, buscando evitar que recursos públicos desnecessários sejam dispendidos em detrimento do interesse coletivo".

E ainda arremata a autora supra:

---

[68] Disponível em:
http://www.ibijus.com/blog/154-novo-cpc-prerrogativas-da-fazenda-publica-na-execucao-de-sentenca. Acesso em 17 jan. 2017.

Portanto, são concedidas prerrogativas processuais à Fazenda Pública para que o interesse coletivo (erário) seja preservado. Vale ressaltar que tais prerrogativas da Fazenda Pública também têm fundamento no Princípio da Igualdade, insculpido no art. 5º, caput, da Constituição Federal, baseando na ideia de Aristóteles em que se deve conferir tratamento igual aos iguais e desigual aos desiguais.

Entendemos que o interesse público deve ser preservado, contanto que não venha a causar constrangimentos ao cidadão, pois, como é cediço, a peregrinação que o cidadão se submete ao cobrar um direito perante as entidades governamentais é quase sem fim, muitas vezes havendo a sucessão entre os pais, filhos e netos, devido a injustificada delonga no processo até final pagamento do que lhes é devido.

14. Prerrogativas quanto ao pagamento de precatórios judiciais

Atualmente, não apresentando **impugnação**, ou mesmo a apresentando e seja declarada improcedente, o juiz, de acordo com a Constituição Federal, requisitará o pagamento por intermédio do Presidente do Tribunal competente.

De ver que há uma espécie de **desconfiança constitucional** no juízo de primeiro grau, imprimida pelo legislador, pois mesmo havendo o trânsito em julgado da sentença, cabe-lhe oficiar ao Presidente do respectivo tribunal solicitando a requisição do precatório.

Ora, deveras seria bem mais célere, mais prático, mais cômodo e menos oneroso ao cidadão, que o juízo *a quo* requisitasse diretamente o precatório à Fazenda Pública respectiva, sem a necessidade de tamanho arrodeio para dá-se o cumprimento de uma decisão judicial prolatada em favor da parte mais vulnerável do ponto de vista financeiro, e já transitada em julgado.

Se não se cogita de desconfiança no juízo de primeiro grau, de indagar qual a justificativa plausível para tal. O juízo monocrático poderia muito bem fazer a requisição ao ente federativo e remeter *a posteriori* o processo ao juízo de segundo grau a título de *reexame necessário*, somente para efeito de revisão do precatório.

Cabendo lembrar que ainda assim, depois de longa peregrinação processual, o pagamento será feito na **ordem cronológica de apresentação dos precatórios**.[69] É o que se depreende do disposto no artigo 100 da Constituição Federativa do Brasil.

> Art. 100. Os pagamentos devidos pelas Fazendas Públicas Federal, Estaduais, Distrital e Municipais, em virtude de sentença judiciária, far-se-ão exclusivamente na ordem cronológica de apresentação dos precatórios e à conta dos créditos respectivos, proibida a designação de casos ou de pessoas nas dotações orçamentárias e nos créditos adicionais abertos para este fim.

A exceção encontra-se nos precatórios considerados como de **pequeno valor – RPVs**, a serem pagos pelas Fazendas Públicas, após definidos por lei da própria entidade governamental (União, Estados, DF e Municípios), que **não seguem a ordem cronológica para pagamento**. É o que especifica o os parágrafos 3º e 4º do artigo 100 da nossa Lei Suprema.

> § 3º O disposto no caput deste artigo relativamente à expedição de precatórios não se aplica aos pagamentos de obrigações definidas em leis como de pequeno valor que as Fazendas referidas devam fazer em virtude de sentença judicial transitada em julgado.

> § 4º Para os fins do disposto no § 3º, poderão ser fixados, por leis próprias, valores distintos às entidades de direito público, segundo as diferentes capacidades econômicas, sendo o mínimo igual ao valor do maior benefício do regime geral de previdência social.

---

[69] **Precatório.** É o processo administrativo que se forma no tribunal competente, e se concretiza com a requisição feita ao representante legal da Fazenda Pública, pelo Presidente da referida Corte de Justiça, até o 1º dia de julho de um exercício para ser pago até o final do exercício seguinte.

Cabe destacar que, apresentado o precatório até a data de **1º de julho** de um exercício, a Fazenda Pública terá fôlego suficiente para realizar o pagamento até o final do exercício seguinte ao da requisição, vale dizer, até o final do ano vindouro ao da requisição, consoante textualiza o § 5º do citado artigo 100 da Constituição Federal.

> § 5º É obrigatória a inclusão, no orçamento das entidades de direito público, de verba necessária ao pagamento de seus débitos, oriundos de sentenças transitadas em julgado, constantes de precatórios judiciários apresentados até 1º de julho, fazendo-se o pagamento até o final do exercício seguinte, quando terão seus valores atualizados monetariamente.

De ressaltar que o pagamento no prazo estabelecido pelo parágrafo 5º do artigo 100 da Lei Suprema, nem sempre tem sido cumprido à risca, e com isso os precatórios têm se arrastado por anos à fio, em total inadimplência do ente federativo, em razão de não ser efetuado o pagamento pela Fazenda Pública até o final do exercício seguinte.

15. Prerrogativas quanto à inalienabilidade dos bens públicos

Os bens públicos, como como regra, nos termos do artigo 100 da Constituição Federativa do Brasil, são **inalienáveis**, desde que sejam de **uso comum do povo** ou de **uso especial**, *verbis*:

> Art. 100. Os bens públicos de uso comum do povo e os de uso especial são **inalienáveis**, enquanto conservarem a sua qualificação, na forma que a lei determinar.

> Art. 101. Os bens públicos dominicais podem ser alienados, observadas as exigências da lei. (GRIFO NOSSO).

Desse modo, os bens públicos em geral não podem ser vendidos, permutados, ou doados, ressalvando-se os **bens públicos dominicais**, se forem de acordo com a lei previamente **autorizados**.

E mesmo tratando-se de **bens dominicais**, exige-se quatro requisitos previstos no artigo 17 e seguintes da Lei 8.666/93, para efeito de alienação, quando se referir a um **bem imóvel**. São eles:

1. Justificativa da alienação do bem (razões para o seu desfazimento)

2. Lei autorizativa específica (faz-se a desafetação)

3. Prévia avaliação (evitar-se o subfaturamento)

4. Licitação na modalidade de concorrência (regra mais rigorosa).

Se disser respeito a **bem móvel** os requisitos para **alienação** são a **justificativa**, **prévia avaliação** e **licitação**, excepcionada nos casos de dispensa vinculada (art. 17, II, *a* e *f,* da Lei 8.666/93) e cuja modalidade será determinada conforme o art. 22, § 5º, ou art. 17, § 6º, da Lei 8.666/93. Nesse caso, não há necessidade de **autorização legislativa específica**.

16. Prerrogativas quanto à impenhorabilidade dos bens públicos

O artigo 98 do Código Civil faz distinção dos bens públicos e particulares nos seguintes termos:

> Art. 98. São públicos os bens do domínio nacional pertencentes às pessoas jurídicas de Direito Público interno; todos os outros são particulares, seja qual for a pessoa a que pertencerem.

Por sua vez, as disposições do artigo 99 do Código Civil, transcrevem:

> Art. 99. São bens públicos:
>
> I - os de **uso comum do povo**, tais como rios, mares, estradas, ruas e praças;

II - os de **uso especial**, tais como edifícios ou terrenos destinados a serviço ou estabelecimento da administração federal, estadual, territorial ou municipal, inclusive os de suas autarquias;

III - os **dominicais**, que constituem o patrimônio das pessoas jurídicas de direito público, como objeto de direito pessoal, ou real, de cada uma dessas entidades.

Parágrafo único. Não dispondo a lei em contrário, consideram-se dominicais os bens pertencentes às pessoas jurídicas de direito público a que se tenha dado estrutura de direito privado. (GRIFO NOSSO).

Nesse sentido, os bens de domínio público pertencentes ao Poder Público federal, estadual, municipal e distrital são legalmente **impenhoráveis**.

Como dito acima, os bens públicos em geral são **inalienáveis** e, em consequência, **impenhoráveis**, comportando exceção apenas em relação aos **bens dominicais**. A propósito, dispõe os artigos 100 e 101 do Código Civil brasileiro, *ipsis litteris*:

Art. 100. Os bens públicos de uso comum do povo e os de uso especial são **inalienáveis**, enquanto conservarem a sua qualificação, na forma que a lei determinar. (GRIFO NOSSO)

Art. 101. Os bens públicos dominicais podem ser alienados, observadas as exigências da lei.

O atual Código de Processo Civil, tanto quanto o anterior (de 1973), ao dispor sobre a **forma especial de execução das decisões judiciárias**, assim como, o Código Civil (Lei 10.406/2002), no seu art. 100, deixam patentes que não é permitida a **penhora** dos bens do patrimônio público [Fazenda Pública]. Sendo admitido o **sequestro** de quantia necessária à satisfação da dívida, em situação especial, nos termos do artigo 100 da CF/1988, caso ocorra **preterição na ordem cronológica de pagamento dos precatórios**, isto é, quando a ordem de pagamento dos precatórios seja desrespeitada na sua sequência pelo ente fazendário, ou este não cumpra a determinação judicial de pagamento de **requisição de pequeno valor**, no prazo legal estabelecido por lei.

Em conclusão, de trazer à lume, a douta opinião de Meirelles[70] sobre o tema:

> Exige o interesse público – e, por isso mesmo, a Constituição da República o resguardou – que o patrimônio das pessoas públicas fique a salvo de apreensões judiciais por créditos de particulares. Para a execução de sentenças condenatórias da Fazenda Pública, a Lei Magna e o Código de Processo Civil instituíram a modalidade menos drástica que a penhora, porém não menos eficaz que esta, ou seja, a da requisição de pagamento, à conta dos créditos respectivos, e o subseqüente seqüestro de dinheiro, se desatendida a requisição. Ressalvaram-se, assim, os interesses da Administração, sem se descuidar dos direitos de seus credores.

A jurisprudência pátria tem se debruçado na preservação dos bens públicos no tocante às execuções de créditos em face da Fazenda Pública, havendo algumas poucas exceções como o bloqueio de valores em contas públicas para o atendimento de situações de risco à saúde, como preservação do direito à vida. É o que se pode inferir dos arestos infra relacionados:

LEGJUR 103.1674.7454.9100

STJ. Seguridade social. Saúde. Administrativo. Custeio de medicamento. Direito à vida e à saúde. Dignidade da pessoa humana. Bloqueio de valores em contas públicas. Possibilidade. Mitigação do princípio da impenhorabilidade dos bens públicos. CPC, art. 461, § 5º. CF/88, arts. 1º, III, 5º, «caput», 6º, 100 e 196.

---

[70] Obra citada, p. 458.

....

LEGJUR 103.1674.7447. 1400

STJ. Seguridade social. Administrativo. SUS. Custeio de tratamento médico. Moléstia grave. Direito à vida e à saúde. Bloqueio de valores em contas públicas. Possibilidade. Precatório. Desnecessidade. Mitigação da impenhorabilidade dos bens públicos. CPC, art. 461, § 5º. CF/88, arts. 5º, «caput» 6º, 100 e 196.

....

LEGJUR 103.1674.7396.6200

TJMG. Penhora. Administração pública. Administrativo. Bens públicos. Impenhorabilidade. Bloqueio de verba pública. Inadmissibilidade. Precatório. Necessiade. Considerações sobre o tema. CF/88, art. 100.

....

LEGJUR 155.9853.2003.7600

TJSP. Bens públicos. Uso comum do povo. Município de Guarujá. Notificação de estabelecimentos comerciais para a desocupação de passeios públicos. Cabimento. Insurgência. Descabimento. Bem público de uso comum do povo ou de domínio público insuscetível de apropriação para uso e exploração estritamente particular. Bens públicos de uso comum que são inalienáveis por natureza, com características de imprescritibilidade e impenhorabilidade, sem sujeição a usucapião (artigos 99, I, 100 e 102, todos do Código Civil). Improcedência da ação. Manutenção da sentença. Recurso improvido.

....

LEGJUR 142.1045.1001.5100

TST. Embargos em recurso de revista interpostos sob a égide da Lei 11.496/2007. Sociedade de economia mista. Bens vinculados à prestação do serviço público de saúde.

Bens de uso especial. Art. 99, II, do Código Civil. Impenhorabilidade. Arts. 100 da CF/88 e 100 do Código Civil. Precedentes do STF.

....

LEGJUR 103.1674.7442.2600

STJ. Seguridade social. Administrativo. SUS. Custeio de tratamento médico. Moléstia grave. Direito à vida e à saúde. Bloqueio de valores em contas públicas. Possibilidade. Precatório. Desnecessidade. Medida menos onerosa que a astreintes. Mitigação da impenhorabilidade dos bens públicos. Considerações do Min. João Otávio de Noronha sobre o tema. CPC, art. 461, § 5º. CF/88, arts. 5º, «caput» 6º, 100 e 196.[71]

17. Prerrogativas quanto à imprescritibilidade dos bens públicos

No entendimento dos administrativistas os bens públicos são **imprescritíveis**, logo não poderão ser adquiridos por **usucapião**, enquanto guardarem tal condição; seja qual for a natureza dos bens. Não há direito à posse ou propriedade de bens públicos, por particulares, em razão do decurso do tempo.

A qualquer tempo o Poder Público poderá reaver de quem ilegalmente esteja na posse os bens lhe pertencentes. Por serem imprescritíveis, as doações ou alienações ilegais de bens públicos, móveis ou imóveis, ficam sem qualquer efeito, ficando, portanto, sem validade os documentos por ventura transmitidos e o prazo que o detentor o possua.

A regulamentação da **imprescritibilidade** dos bens públicos tem arrimo nos Decretos de n. 19.924, de 27 de abril de 1931, de n. 22.785, de 31 de maio de 1933 e de n. 710, de 17 de setembro de 1938, corroborados pela pacífica e remansosa jurisprudência dos egrégios tribunais nacionais e da Suprema Corte (STF), consoante Súmula 340.

[71] Disponível em:
https://www.legjur.com/jurisprudencia/busca?q=impenhorabilidade-dos-bens-publicos&op=com. Acesso em 19 jan. 2017.

Ademais, a imprescritibilidade é **absoluta**, possuindo assento constitucional nos preceitos normativos estabelecidos nos artigos 183, § 3º e 191, parágrafo único, da Constituição Federal.

> Art. 183. Aquele que possuir como sua área urbana de até duzentos e cinquenta metros quadrados, por cinco anos, ininterruptamente e sem oposição, utilizando-a para sua moradia ou de sua família, adquirir-lhe-á o domínio, desde que não seja proprietário de outro imóvel urbano ou rural.
>
> ....
>
> **§ 3º - Os imóveis públicos não serão adquiridos por usucapião.**
>
> ....
>
> Art. 191. Aquele que, não sendo proprietário de imóvel rural ou urbano, possua como seu, por cinco anos ininterruptos, sem oposição, área de terra, em zona rural, não superior a cinquenta hectares, tornando-a produtiva por seu trabalho ou de sua família, tendo nela sua moradia, adquirir-lhe-á a propriedade.
>
> Parágrafo único. **Os imóveis públicos não serão adquiridos por usucapião.** (GRIFO NOSSO)

A legislação infraconstitucional também regulamenta a vedação à aquisição de bens públicos através de usucapião, conforme está prevista no comando normativo transcrito no artigo 102 do Código Civil brasileiro e outras normas.

> Art. 102. Os bens públicos não estão sujeitos a usucapião.

Além do comando legal supra, a regulamentação da **imprescritibilidade** dos bens públicos tem arrimo também no Decreto de n. 22.785, de 31 de maio de 1933, bem como, no Decreto de n. 710, de 17 de setembro de 1938.

Textualiza o artigo 2º do Decreto de n. 22.785, de 31 de maio de1933:

Art. 2º. Os bens públicos, seja qual for sua natureza, não são sujeitos a usucapião.

Do mesmo modo, os parágrafos do artigo 12 do Decreto de n. 710, de 17 de setembro de 1938 especificam:

Art. 12. (...)

§ 1º Ressalvado o disposto no art. 148 da Constituição, não corre usucapião contra os bens públicos de qualquer natureza.

§ 2º Não pode ser igualmente adquirido por usucapião o domínio util ou direito dos terrenos de marinha ou quaisquer outros sujeitos a aforamento.

As colendas cortes de Justiça têm consolidado o entendimento da imprescritibilidade dos bens públicos. É o que se pode deduzir da Súmula 340 do STF e algumas jurisprudências:

Súmula 340 do STF:
Desde a vigência do Código Civil, os bens dominicais, como os demais bens públicos, não podem ser adquiridos por usucapião.

Em comento à Súmula 340/STF, a Ministra Ellen Gracie, assim se pronunciou:

No que concerne à discussão em torno da posse do imóvel propriamente dito, cabe lembrar que, entre as características que envolvem os bens submetidos ao regime jurídico de direito público, podem-se referir sua inalienabilidade e sua imprescritibilidade, regras preservadas nos arts. 100 a 102 do Código Civil e na Súmula STF n. 340. "Súmula 340. Desde a vigência do Código Civil, os bens dominicais, como os demais bens públicos, não podem ser adquiridos por usucapião." **(ACO 685, Relatora Ministra Ellen Gracie, Tribunal Pleno, julgamento em 11.12.2014, *DJe* de 12.2.2015).**

A título de ilustração transcrevemos precedente do Superior Tribunal de Justiça - STJ[72] sobre o assunto:

> CONSTITUCIONAL.ADMINISTRATIVO. CIVIL E PROCESSUAL CIVIL. AÇÃO CIVIL PÚBLICA. FAIXA DE FRONTEIRA. TRANSFERÊNCIA A NON DOMINO. DESAPROPRIAÇÃO.
> BEM PERTENCENTE À UNIÃO. VIOLAÇÃO DO ART. 535 INEXISTENTE. LEGITIMIDADE DO MINISTÉRIO PÚBLICO. ADEQUAÇÃO DA VIA E COMPETÊNCIA CONFIRMADAS. PRESCRIÇÃO NÃO INCIDENTE. COISA JULGADA COM EFICÁCIA PRECLUSIVA. INAPLICABILIDADE. ANULAÇÃO DO REGISTRO E RESTITUIÇÃO DE VALORES. RECURSOS NÃO PROVIDOS.
> 1. Trata-se na origem de Ação Civil Pública movida pelo Ministério Público contra o INCRA, o Estado de Santa Catarina e dos particulares. Narra que o INCRA propôs em 1976 Ação de Desapropriação de imóvel localizado em faixa de fronteira, transitada em julgada.
> 2. O parquet alega nulidade dos registros imobiliários em razão dos imóveis serem, desde sempre, de propriedade da União (áreas devolutas em faixa de fronteira). A sentença acolheu a pretensão in totum. O acórdão recorrido deu provimento parcial apenas ao apelo de André Luiz Arantes Scheidt para excluir da condenação

[72] Disponível em:
http://www.conteudojuridico.com.br/artigo,caracteristicas-peculiares-aos-bens-publicos,45841.html. Acesso em 19 jan. 2017.

os valores levantados a título de honorários sucumbenciais.

3. Não é o órgão julgador obrigado a rebater, um a um, todos os argumentos trazidos pelas partes em defesa da tese que apresentaram. Deve apenas enfrentar a demanda, observando as questões relevantes e imprescindíveis à sua resolução. Nesse sentido: REsp 927.216/RS, Segunda Turma, Relatora Ministra Eliana Calmon, DJ de 13/8/2007; e REsp 855. Turma, Relator Ministro Teori Albino Zavascki, DJ de 28/6/2007.

4. "O Ministério Público tem legitimidade para propor ação civil pública em defesa do patrimônio público" (Súmula 329/STJ), assim entendido em sentido amplo, ou seja, o Erário, bem pertencente, de modo indireto, a toda a sociedade, o que envolve, portanto, interesse difuso da coletividade. Precedentes do STJ.

5. No julgamento dos REsp 1.003.032/PR, a Primeira Seção fixou entendimento que admite a discussão de domínio em ação de desapropriação, desde que a controvérsia acerca do tema se estabeleça entre expropriante e expropriado, evitando-se que sejam pagas indenizações por terrenos que já pertençam à União. No caso dos autos, a) a Ação de Desapropriação expressamente ressalvou que não debateria domínio naquela oportunidade - que é viável em razão da controvérsia circunstancial e jurídica sobre o tema; b) os recorrentes não se desincumbiram do ônus de demonstrar eventual discussão ali realizada; c) não existe coincidência (três eadem) entre a Ação de Desapropriação e a Ação Civil Pública proposta; d) precedente específico e longamente fundamentado afasta a coisa julgada e sua eficácia preclusiva, indicando prevalência do princípio da justa indenização (REsp 1.015.133/MT, Segunda Turma, Ministra Eliana Calmon, designado p/ acórdão Ministro Castro Meira, DJe 23/4/2010).

116

6. **Não há prescrição para os bens públicos. Nos termos do art. 183, §3°, da Constituição, ações dessa natureza têm caráter imprescritível e não estão sujeitas a usucapião (Súmula 340/STF**, art. 200 do DL 9.760/1946 e art. 2° do CC). Construção feita também com base na imprescritibilidade de atos nulos, de ações destinadas ao ressarcimento do Erário e de ações de declaração de inexistência de relação jurídica - querela nullitatis insanabilis. Precedentes do STJ.

7. **"As concessões de terras devolutas situadas na faixa de fronteira, feitas pelos Estados, autorizam, apenas, o uso, permanecendo o domínio com a União, ainda que se mantenha inerte ou tolerante em relação aos possuidores" (Súmula 477/STF)**. Tal posição, somada à impossibilidade de usucapir bem público, serve de norte a legitimar a pretensão do recorrido, porque autorizado o debate na Ação Civil Pública sobre a titularidade de bens que sempre pertenceram à União, antes e depois de 1946.

8. O acórdão abordou explicitamente a questão sob o enfoque das ratificações realizadas pelos Estados da Federação, desde que antecedessem requerimento submetido a juízo específico dos órgãos competentes. Porém, tal pedido não foi constatado pelo acórdão ou mencionado no Recurso Especial. Revisitar essa premissa esbarra na Súmula 7/STJ.

9. Recursos Especiais não providos.

(REsp 1227965/SC, Rel. Ministro HERMAN BENJAMIN, SEGUNDA TURMA, julgado em 02/06/2011, DJe 15/06/2011).

(GRIFO NOSSO)

Portanto, e finalmente, infere-se, pelo discorrido acima, que nenhum bem público pode ser usucapido, nem mesmo os dominicais.

18. Prerrogativas quanto à execução de causas trabalhistas

De acordo com a Consolidação das Leis do Trabalho (CLT), com redação acrescentada pela Lei n. 9.957, de 12.1.2000, as causas trabalhistas com teto de **até quarenta vezes o salário-mínimo**, em que seja parte a Fazenda Pública, estão excluídas do procedimento sumaríssimo, *verbis:*

> Art. 852-A. Os dissídios individuais cujo valor não exceda a quarenta vezes o salário mínimo vigente data do ajuizamento da reclamação ficam submetidas ao procedimento sumaríssimo.
>
> Parágrafo único. **Estão excluídas do procedimento sumaríssimo as demandas em que é parte a Administração Pública direta, autárquica e fundacional.** (GRIFO NOSSO)

Do mesmo modo, as execuções trabalhistas seguem o rito do precatório judicial, obedecendo as determinações legais aplicadas aos demais créditos perante a Fazenda Pública federal, estadual, distrital ou municipal.

No entanto, destaque-se que na Justiça do Trabalho, os precatórios são considerados de **natureza alimentícia**, portanto, devendo ser **pagos com preferência sobre todos os demais débitos**, consoante determina o artigo 100 da Constituição Federal.

De ressaltar que existe exceção apenas para as pessoas detentoras de crédito que tenham idade acima de **sessenta anos** ou sejam portadoras de doença grave, que, nesse caso, receberão com prioridade os seus créditos até o limite equivalente ao triplo das obrigações fixadas em lei como de pequeno valor pelas entidades governamentais.

POSICIONAMENTO DO TST QUANTO AO PRECATÓRIO

Demonstrando posicionamento do TST, existem as OJ`s n° 1, 2 e 3 do Tribunal Pleno, in verbis:

118

Nº 1 PRECATÓRIO. CRÉDITO TRABALHISTA. PEQUENO VALOR. EMENDA CONSTITUCIONAL Nº 37/2002. DJ 09.12.2003.

Há dispensa da expedição de precatório, na forma do art. 100, § 3º, da CF/1988, quando a execução contra a Fazenda Pública não exceder os valores definidos, provisoriamente, pela Emenda Constitucional nº 37/2002, como obrigações de pequeno valor, inexistindo ilegalidade, sob esse prisma, na determinação de seqüestro da quantia devida pelo ente público.

De ver que a Emenda Constitucional n. 37/2002 definia valores provisórios para pagamento dos precatórios, até que os entes federativos editassem a lei própria estabelecendo os respectivos valores mínimos para quitação de seus precatórios, em conformidade com o artigo 100 da Constituição Federal.

Art. 100 [...]

§ 4º Para os fins do disposto no § 3º, poderão ser fixados, por leis próprias, valores distintos às entidades de direito público, segundo as diferentes capacidades econômicas, sendo o mínimo igual ao valor do maior benefício do regime geral de previdência social.

Mesmo havendo exceção, os precatórios de natureza alimentar, bem como aqueles com prioridade de pagamento, não são cumpridos no devido tempo, pois em muitos casos, o Estado demora para honrar as dívidas e muitos credores morrem antes de ver o seu direito atendido, deixando de receber os valores a que têm direito.

Capítulo XII
A JUSTIFICATIVA PARA MANUTENÇÃO
DAS PRERROGATIVAS LEGAIS EM FAVOR
DA FAZENDA PÚBLICA

Como justificativa para a manutenção das prerrogativas da Fazenda Pública, máxime dos prazos processuais, da forma como estão situados na Lei Processual Civil, elastecidos a ponto de redundar numa inconstitucionalidade, posto que fere o princípio constitucional da igualdade, vem-se argumentando que isso acontece em razão da prevalência do **interesse público sobre o interesse privado**.

Não é outro o entendimento de uma porção de renomados processualistas, ora confirmado no verbo de Antonio Carlos de Araújo Cintra, Ada Pellegrini Grinover e Cândido R. Dinamarco, *verbis:*

> No processo civil encontram-se prerrogativas, como as concedidas à Fazenda e ao Ministério Público, instituídas com vistas ao interesse público e em razão da natureza e organização do Estado.[73]

Para uma melhor e mais precisa compreensão do tema, importante saber de antemão o que se entende pela expressão **interesse público**.

Definir *interesse público* não deixa de ser um risco para quem deseja fazê-lo sem perquirir uma análise acurada do seu objeto. De indagar *in loco* se o interesse público diz respeito ao interesse da coletividade ou ao interesse do Estado; se sendo interesse do ente estatal assim também o é da coletividade; ou sendo desta, é também do Estado.

Ad argumentandum tantum o **princípio do interesse público** não pode e não deve ser confundido com o interesse do Estado em si, que nem sempre

---

[73] CINTRA, Antonio Carlos de Araújo; GRINOVER, Ada Pellegrini; DINAMARCO Cândido R. **Teoria Geral do Processo**. 10 ed. São Paulo: Malheiros Editores, 1994, p. 54.

é considerado como de interesse da sociedade (verdadeiro interesse público ou interesse público primário).

Se o interesse da pessoa jurídica estamental fosse entendido em todas as suas acepções como de *interesse público*, nenhum cidadão se daria ao luxo de questionar judicialmente o interesse do Estado, que pode ser legal, mas muitas vezes ilegítimo ou imoral, pelo que jamais se consideraria, portanto, inconstitucionais, ilegais ou mesmo abusivos os atos oriundos da vontade estatal.

E mesmo sendo constitucional ou legal o ato praticado pelo Estado, não se deve confundir a legalidade do ato (de interesse do Estado) com a legitimidade de tal ato (de interesse do cidadão ou de interesse público). O ato pode ser legal, contudo, não gozar de plena legitimação; e aí não se pode dizer que é do interesse público por ser um ato legal.

No decorrer do longo período do regime de exceção, implantado no país a partir de 1964, os atos legislativos e administrativos eram legais, e por esse motivo, ditos de *interesse público*, contudo eram desprovidos de plena legitimidade. O ato implementado pela esfera governamental, de interesse do Estado, confrontava-se, portanto, com o interesse da comunidade diretamente interessada (interesse público primário).

Nesse sentido, de compreender que o interesse público a ser preservado não é o interesse do Estado, mas sim, e tão-somente o interesse da população em geral ou o interesse primário. Se assim não fosse, o supremo princípio do Estado de Direito não passaria de mais uma farsa na história constitucional brasileira.

Celso Antonio Bandeira de Melo, citando Alessi, jurista italiano, em interpretação ao termo **interesse público**, argúi:

> (...) o interesse coletivo primário ou simplesmente interesse público é o complexo de interesses coletivos prevalentes na sociedade (...).[74]

Ora, que o interesse público deve ter supremacia sobre o interesse privado ou individual não sobeja qualquer dúvida a respeito, desde que o interesse classificado como **público** tenha respaldo na **legitimidade**, isto é, na aprovação de todos ou quase todos, e não apenas, no entendimento de uns poucos intérpretes da lei, de visão, diga-se, retrógrada, para um Estado que se diz democrático e de direito. O interesse público a ser reconhecido legitimamente é, como dito anteriormente, o **interesse público primário**, que não se confunde com o interesse secundário do Estado.

Ainda que não tenhamos feito uma pesquisa de campo, para constatação da legitimidade dos prazos processuais dilatados em favor da Fazenda Pública, considerados como legais e de interesse público, percebe-se que, pelo reclame de todos quantos postulam na Justiça em face do ente fazendário, tal prerrogativa de tempo não tem sido objeto de qualquer popularidade.

É mais que óbvio que a sociedade não tem nenhum interesse na demora da prestação jurisdicional, em razão dos longos prazos ofertados à Fazenda Pública, mesmo conhecendo da sua legalidade processual.

Demais disso, não basta justificar que os prazos fazendários, por ostentarem legalidade, são do interesse público; sua legalidade tem que estar em sintonia com os princípios constitucionais democráticos, especificamente com o **princípio constitucional da isonomia**.

Para Paulo Henrique dos Santos Lucon, justificar a permanência dos privilégios fazendários na lei, entre eles os prazos, sob o manto da *prevalência do interesse público* não convence:

> (...) Justificar os privilégios da Fazenda Pública no "interesse público" não convence. Como é sabido, por conta do "interesse público", foram elaboradas normas (e outros atos) eivadas de inconstitucionalidades pelas quais

---

[74] Obra citada, p. 346.

até hoje a nação responde. É hora de mudar e é preciso ter coragem para as mudanças, caso contrário continuará um modelo estatal vetusto e distante do terceiro milênio. Os benefícios concedidos à Fazenda Pública e ao Ministério Público estão longe de representar os reais anseios constantes da Constituição Federal e violam frontalmente a garantia do tratamento paritário das partes. A coletividade quer que o Estado assuma a defesa de seus direitos em igualdade de condições, sem tratamentos diferenciados.[75]

Em assim sendo, e finalizando este tópico, de dizer que, a justificativa do "interesse público" para a manutenção dos prazos fazendários e outros privilégios realmente não convence, vez que é por demais arbitrária e inconsistente, pois fere de morte o princípio constitucional da isonomia. É o que se pretende demonstrar folhas adiante.

---

[75] LUCON, Paulo Henrique dos Santos. **Garantias Constitucionais do Processo**. 2 ed. São Paulo: Editora Revista dos Tribunais, 1999, p. 125-126.

Capítulo XIII
DAS REGALIAS NORMATIVAS DA FAZENDA PÚBLICA A NECESSIDADE DE ALTERAÇÃO NA LEGISLAÇÃO

1. As regalias normativas da Fazenda Pública

Consoante já dito em linhas precedentes, as pessoas jurídicas de direito público, legalmente possuem incontáveis regalias processuais, comparando-se com aquelas oferecidas aos cidadãos em geral no âmbito das demandas judiciais que envolvem o Estado, vale dizer, a Fazenda Pública de qualquer nível: federal, estadual, distrital ou municipal.

O tema, ora em estudo, é sobre os prazos processuais concedidos pela legislação processual civil às esferas administrativas de governo, denominadas de **fazendas públicas**, excluindo-se do debate os demais atos praticados pelas mesmas no processo, embora seja oportuno frisar *a priori* não compactuamos com o entendimento de que tais atos, igualmente aos prazos, devam ser preservados por conta da prevalência do interesse público sobre o interesse privado.

Pelo anteriormente visto, de acordo com o artigo 188, incisos I e II, do Digesto Processual Civil, a Fazenda Pública tinha prazo em **quádruplo** para contestar e em **dobro** para recorrer; agora serão apenas em **dobro**, mas serão enquanto não houver alteração legislativa, sempre em **dobro**. Dessa forma, havendo, com efeito, uma disparidade de oportunidade entre as partes atuantes no processo (cidadão e Estado).

Resta investigar se tais privilégios, ainda que respaldados em lei, estão, ou não, em consonância com os preceitos constitucionais. E até mesmo em virtude de serem considerados legais, se sua permanência na lei ordinária (CPC) é de interesse do cidadão, ou não. Mais, se estão em sintonia com o mundo globalizado.

É impossível ocultar que muitas são as vozes dos que se levantam em defesa dos prazos dilatados da Fazenda Pública na legislação processual civil, arrimados na alegação de que o *interesse público se sobrepõe ao interesse privado*, não havendo, portanto, nenhum desnível entre as partes envolvidas no litígio, e por isso, não há falar em **violação ao princípio constitucional da igualdade.**

Nessa linha de pensamento encontra-se o jurista Waldo Fazzio Júnior, citado por Paulo Lúcio Nogueira, *verbis:*

> (...) sem que redunde em violação ao princípio da igualdade ou isonomia, mas justamente visando garantir proporcionalidade de tratamento processual, a lei de processo civil concede prerrogativas à Fazenda Pública e o Ministério Público. Tem em vista a preponderância do interesse público e as dificuldades na obtenção de informações e provas, pelos representantes estatais.[76]

Seguindo na mesma trilha, Antonio Carlos de Araújo Cintra *et al.* arrematam:

> (...) Fazenda e Ministério Público gozam da dilatação de prazos prevista no art. 188 do Código de Processo Civil: as partes não litigam em igualdade de condições e o benefício de prazo se justifica, na medida necessária ao estabelecimento da verdadeira isonomia (...).[77]

Consoante se pode inferir, consentem estes últimos doutrinadores que há uma **desigualdade** entre as partes no processo, ainda que entendam superada pelos motivos determinantes de que isso acontece por ser imprescindível ao estabelecimento da verdadeira isonomia.

---

[76] NOGUEIRA, Paulo Lúcio. **Curso Completo de Processo Civil**. 4 ed. São Paulo: Saraiva, 1993, p. 10.

[77] CINTRA, Antonio Carlos de Araújo; GRINOVER, Ada Pellegrini; DINAMARCO Cândido R. **Teoria Geral do Processo**. 10 ed. São Paulo: Malheiros Editores, 1994, p. 54.

Oportuno indagar, vênia os ilustres juristas, que **isonomia** é essa, que uma das partes no processo passa a ser mais privilegiada que a outra.

Os não menos talentosos autores, Nelson Nery Jr. e Rosa Maria Andrade Nery, perfilhando os argumentos supra, e citados por Alexandre de Moraes proferem:

> (...) a igualdade de todos perante a lei é garantida pela CF, projetando-se também no plano do Direito Processual Civil, onde significa que os litigantes devem receber do juiz tratamento igualitário (CPC, 125, I) São exemplos de efetivação da isonomia no processo civil:
>
> ....
>
> b) prerrogativa de prazo para o MP e Fazenda Pública (CPC, 188);[78]

Em posição diametralmente oposta, autores outros são da compreensão de que os prazos concedidos pela lei à Fazenda Pública recaem numa **inconstitucionalidade** flagrante, quando analisados sob os refletores do *princípio constitucional da isonomia*.

Para comprovação do alegado, ouça-se o que Paulo Henrique dos Santos Lucon tem a dizer sobre o assunto em comento:

> O primeiro desses privilégios indevidos refere-se aos prazos outorgados à Fazenda Pública (e ao Ministério Público) em quádruplo para contestar e em dobro para recorrer, constantes do art. 188 do Código de Processo Civil. Também aqui se inclui o prazo em dobro para a Fazenda Pública contestar no procedimento sumário (art. 277, caput); essas vantagens são inadmissíveis por violarem frontalmente a Constituição Federal no que diz respeito à igualdade das partes no processo. Por isso, não podem encontrar justificativa no complexo da

---

[78] MORAES, Alexandre de. **Constituição do Brasil Interpretada e Legislação Constitucional**. São Paulo: Atlas, 2002, p. 183.

administração pública. Caso contrário, as megaempresas também deveriam ser assim beneficiadas. Nos dias de hoje, com o uso em larga escala do computador, não pode mais prevalecer o entendimento de que o Estado necessita de privilégios inconstitucionais.[79]

Ainda prosseguindo no seu tirocínio, complementando-o com brilhantes ponderações de Tucci e Cruz e Tucci, Lucon afirma:

> Aliás, "um Estado organizado, melhor do que qualquer particular, deve primar pela perfeição dos seus serviços, tendo, a tempo e hora, todos os elementos indispensáveis à sua mais perfeita quão possível atuação, e correlatas informações." Toda e qualquer discriminação tem por objeto atender situações desiguais; caso contrário, mostra-se arbitrária e odiosa.

Há quem diga, porém, que a prevalência dos prazos dilatados na lei dá-se em virtude da precária estrutura dos órgãos do Estado; entendimento que, *permissa venia* os que assim pensam, com ele não comungamos.

Paulo Lúcio Nogueira[80], no tocante à permanência dos prazos fazendários na lei, em face do argumento da deficiência na estrutura da máquina estatal, é enfático:

> (...) parece-nos que, atualmente, tendo em vista a organização e estrutura desses órgãos oficiais, não mais se justificam os prazos em quádruplo para contestar ou em dobro para recorrer (CPC, art. 188), (...).

Daí não ter mais sentido a defesa dos prazos estendidos à Fazenda Pública sob a alegação de que a organização dos serviços estatais ainda é *deficiente*. Ora, o Estado dispõe atualmente, como se sabe, de tecnologias avançadas e pessoal suficientemente qualificado, jamais visto na história do país.

---

[79] Obra citada, p. 119.

[80] Obra citada, p. 10.

Em complemento à vertente dos que entendem ser inconstitucionais os prazos fazendários, é digno de registro o debate realizado com o ex-Ministro do Supremo Tribunal Federal, Oscar Dias Côrrea, no Programa "Tribuna Independente" da REDEVIDA, em data de 25 de setembro de 2002, quando o mesmo foi bastante elucidativo ao afirmar que os prazos dados à Fazenda Pública de há muito deveriam ter sido abolidos, vez que feriam a **igualdade** entre as partes.

No entanto, ressalte-se que o Excelso Pretório, em posição antagônica a esta última corrente, corroborando com a linha de pensamento da primeira, em total desprezo pelo supremo princípio do **Estado democrático de direito** e voltando as costas para o princípio constitucional da igualdade, amparado sob as cortinas do argumento da observância do **interesse público**, declarou **constitucional** o que aos olhos de muitos era considerado **inconstitucional**. Eis o que disse o STF:

> [...] O benefício do prazo recursal em dobro outorgado às pessoas estatais, por traduzir prerrogativa processual ditada pela necessidade objetiva de preservar o próprio interesse público, não ofende o postulado constitucional da igualdade entre as partes.[81]

É forçoso dizer que não é por causa de uma decisão de tal natureza, ainda que oriunda da Suprema Corte de Justiça, que a lei que estava eivada de inconstitucionalidade passou a ser constitucional.

De ver que razões sobejam a todos quantos comungam com a opinião de que os prazos esticados e favoráveis à Fazenda Pública se confrontam com as normas constitucionais de isonomia, posto que as **desigualdades** entre as partes no processo continuarão existindo. E, ressalte-se que não é uma decisão esdrúxula e até, sabe Deus, de natureza política, que irá **igualar o**

---

[81] **STF** – 1ª T. – Rextr. n. 181.138/SP – Rel. Min. Celso de Mello, Diário da Justiça, Seção I, 12 de maio 1995, p. 13.019). No mesmo sentido: STF – Pleno – Rextr. n. 83.432/SP – Rel. Min. Leitão de Abreu – RTJ 94/209 e TJSP – Ag. Instr. n. 146.229 – 1 – Tupã – Rel. Renan Lotufo – 19-3-1991.

que sempre esteve desigual e que permanecerá desigual, pelo menos até que se altere a legislação pertinente.

A decisão retro, no mínimo, poderá causar uma descrença no Poder Judiciário, pelos cidadãos, já que estes é quem sentem na superfície da pele o problema da disparidade de oportunidades no processo.

Interessante ver o que afirma Paulo Henrique dos Santos Lucon nesse aspecto:

> Os inconstitucionais benefícios concedidos à Fazenda Pública e ao Ministério Público demonstram o arbítrio e a atecnia do legislador, além de travar o regular prosseguimento do processo e contribuir para a descrença da população no Poder Judiciário e nas nossas instituições. Contribui também para a descrença a postura conservadora de alguns juízes no sentido de entender como regra que a Fazenda Pública está sempre defendendo legítimos e reconhecidos direitos públicos.[82]

Consoante é do pleno conhecimento de todos os operadores do direito, os prazos fazendários sempre tiveram e têm residência em regra infraconstitucional (CPC antigo e atual), não podendo por nenhum motivo contrariar regras superiores contidas na Constituição, mais ainda quando se cogita de **direitos individuais fundamentais**. Portanto, qualquer justificativa no sentido de mantê-los é inabsorvível e inaceitável, com os respeitos que a Suprema Corte merece.

Leciona Alexandre de Moraes, em alusão às normas que contrariam a Carta Magna Brasileira e produzidas no exercício da **função legiferante** ordinária, *verbis:*

> [...] verifica-se a superioridade da norma magna em relação àquelas produzidas pelo Poder Legislativo, no exercício da função legiferante ordinária. Dessa forma,

---

[82] Obra citada, p. 125.

nelas o fundamento do controle é o de que nenhum ato normativo, que lógica e necessariamente dela decorre, pode contrariá-la, modificá-la ou suprimi-la.[83]

Outrossim, anote-se que as benesses processuais da Fazenda Pública, assim também os prazos, remontam a um período de modelo de Estado bastante superado na atualidade. Daí não mais haver justificativa para sua continuação na lei processual civil pátria. Ora, é indubitável que a lei ordinária deve estar sempre em sintonia com as normas constitucionais.

2. Necessidade de alteração na legislação

Não há, portanto, qualquer réstia de dúvida que a lei processual civil deve ser renovada, modificada ou alterada, sendo isto o que esperam alguns estudiosos do tema, na perspectiva da equalização na oportunidade das partes no processo, com vistas a preservar os **princípios constitucionais de igualdade**.

As partes devem merecer tratamento paritário. Inconcebível uma delas ter mais oportunidades e privilégios do que a outra. O tratamento desigual para quem está em situação desigual deve ser dado favorecendo àquele que é mais vulnerável do ponto de vista jurídico e econômico.

Ora, pelo que se sabe a Fazenda Pública dispõe inegavelmente de um aparato [recursos financeiros, orçamento, tecnologia, pessoal qualificado e disponível, assessorias e procuradorias jurídicas bem instaladas e bem equipadas, etc] que o cidadão individualmente não o possui.

A esse respeito argumenta Paulo Henrique dos Santos Lucon, *ipsis litteris:*

> No processo, a isonomia revela-se na garantia do tratamento igualitário das partes, que deve ser vista não apenas sob o aspecto formal, mas também (e principalmente) analisada pelo prisma substancial. A paridade das partes no processo tem por fundamento o escopo social e político do direito; não basta igualdade

---

[83] Obra citada, p. 85.

formal, sendo relevante a igualdade técnica e econômica, pois elas também revelarão o modo de ser do processo. Enquanto a igualdade formal diz respeito à identidade de direitos e deveres estatuídos pelo ordenamento jurídico às pessoas, a igualdade material leva em consideração os casos concretos nos quais essas pessoas exercitam seus direitos e cumprem seus deveres (...).[84]

Em linhas à frente o mesmo autor tece o seguinte comentário:

O contraditório é preservado na medida em que a igualdade entre os litigantes o seja. É natural que a parte com melhores recursos quase sempre tem mais fácil acesso a informações processuais, está em condições mais favoráveis para recolher dados relevantes e valer-se de provas, contrata os serviços de profissionais mais competentes. O poder econômico facilita a resistência à longa duração do processo.[85]

É óbvio que se o cidadão gozasse de um nível econômico semelhante ao do Estado, resistiria certamente à longa duração do processo; situação fática que não acontece em razão da sua realística vulnerabilidade econômico-financeira.

Portanto, disso resulta ser inadmissível não haver o mesmo tratamento das partes no processo, privilegiando-se apenas uma delas de modo arbitrário e em detrimento da outra, sob o argumento de que o interesse público deve ter supremacia sobre o interesse privado, ou até mesmo por motivos outros.

Ademais, afirme-se que o *interesse público* não pode e não deve servir de pretexto para expurgar legítimos e consagrados **direitos individuais,** constitucionais e historicamente assegurados, até mesmo antes da promulgação da atual Constituição, tal é o direito de isonomia, que

---

[84] Obra citada, p. 97.

[85] Obra citada, p. 103.

anteriormente à edição da Lei Maior encontrava guarida nas declarações universais de direitos. E não se perca de vista que a isonomia é a base do direito moderno.

Na verdade, consoante dito em capítulo anteposto, não é do interesse da coletividade a continuação da disparidade de prazos na lei processual civil, logo não sendo do interesse do cidadão, não há falar em interesse público.

A concretização do tão desejado Estado Democrático de Direito, princípio maior da **Constituição Cidadã** – consoante a batizou o saudoso político Ulisses Guimarães –, tem que ir sendo colmatado a partir das coisas de somenos importância para o conjunto da sociedade, mas que dizem respeito ao cidadão em particular, e que para este é de valor inestimável, o que não deixa de beneficiar também, por via oblíqua, a sociedade.

Outrossim, é cabível afirmar que ainda que fosse do interesse público a dilação de prazo em favor de uma só das partes no processo, não justificaria mencionado interesse conflitar-se com as **normas constitucionais fundamentais**, inseridas no bojo da Lei Suprema para serem observadas indistintamente, sob pena de haver um enfraquecimento do preconizado Estado Democrático de Direito.

De lembrar as lapidadas palavras do renomado jurista italiano Luigi Ferrajoli que chegou a afirmar:

> Não há como se justificar a sobreposição de interesse social ante a uma garantia fundamental individual, posto que, se assim for, não estaremos mais falando em Estado Democrático de Direito, mas em um debilitamento de todas as demais garantias, tanto penais como processuais (...).

Por tudo quanto descrito, de constatar que os prazos dilatados, concedidos ao ente federativo pela lei processual civil, além de prejudicar o cidadão, uma vez que, neles se faz presente a **desigualdade de oportunidade** na relação processual, assim como contribuem sobremaneira para o atraso da demanda judicial, já que são bastante alongados do ponto de vista jurídico.

Ademais, não se olvide de que a delonga dos prazos processuais da Fazenda Pública está numa verdadeira contraposição à celeridade da vida moderna que requer praticidade, habilidade, rapidez e competência na prestação jurisdicional que todos esperam.

Em um mundo globalizado, no qual a velocidade parece ser a dona da razão, inconcebível o atraso nas demandas judiciais por conta dos elastecidos prazos que a lei presenteia aos entes estatais, desprezando direitos elementares da pessoa humana, elencados na Constituição Federativa do Brasil.

Como últimas considerações, *mutatis mutandis,* o artigo 183 do novo Código de Processo Civil deve receber uma reforma, como recebeu o artigo 188 do CPC anterior, para que não mais degrade de forma mesquinha o **princípio constitucional da isonomia**, a possibilitar a igualdade dos prazos entre as partes envolvidas no processo: cidadão e Estado.

No entanto, não se mude apenas o CPC, mas também a cabeça dos componentes do Poder Judiciário brasileiro, para que só assim a democracia possa ser elevada ao trono que todos sonham e desejam; que possam os magistrados olhar para os economicamente mais fracos, sem receio de cometer erros; voltando-se cada vez mais para o cidadão do que para o Estado. Tudo em respeito ao supremo princípio constitucional estatuído no Parágrafo único do artigo 1º da Constituição Federal, de que **todo o poder emana do povo.**

O Estado, por si só, sabe como e tem com que se proteger diante de tudo e de todos. O cidadão é que necessita da proteção da justiça. É a isso que deve estar atento o Poder Judiciário.

Para concluir, finalmente, merece colacionar fragmento do discurso do Desembargador Bartolomeu Bueno, do Tribunal de Justiça de Pernambuco, proferido por ocasião da palestra do Ministro Carlos Ayres de Brito, na cidade do Recife, intitulada *A dicotomia: princípios / regras na Constituição*

Brasileira, publicada no Diário Oficial do Estado de Pernambuco em data de 10 de Junho de 2003, a saber:

> (...) O juiz hodierno não é mais aquele mecânico aplicador da lei no sentido arcaico de dar a cada um o que é seu, ou seja "dar ao rico a sua riqueza, dar ao pobre a sua pobreza", no dizer irônico de Anatole France, citado por Edgar de Moura Bittencourt, em seu livro "O Juiz". É preciso que nós operadores do direito entendamos que o juiz contemporâneo é aquele que antes de aplicar a Lei Regra, a Lei Legislada (com perdão da redundância), aplica a Lei Valor, a Lei Princípio, especialmente os princípios constitucionais do direito à vida, à liberdade, à igualdade, à segurança e à propriedade (esta considerada sempre sob o aspecto de sua função social). (...) Definitivamente temos que entender que os princípios constitucionais não são simples regras programáticas ou intenções legislativas quepodem ou não ser cumpridas, de caráter vinculante, auto-aplicáveis e de eficácia plena, as quais em confronto com as regras do direito ordinário ou até em face de regras propriamente de direito constitucional, sobre estas prevaleçam.

Ora, se se justifica a dilação do prazo às fazendas públicas federal, estaduais, municipais e distrital, por conta do interesse público que se tem de preservar e prevalecer, que se estenda legalmente também as prerrogativas de prazos e outros privilégios ao cidadão nas demandas judiciais, a respaldar o **princípio constitucional da igualdade**, caso contrário continuaremos diante de uma aberração legal que pouco a pouco vai se tornando uma cultura.

CONCLUSÃO

À guisa de encerramento, importa destacar que a intenção do autor, nestes escritos, não se deu com vistas à elaboração de um trabalho com rigor científico, mas tão-somente contribuir para o contínuo debate sobre a manutenção dos prazos alongados, assim como os demais privilégios de que goza o Estado na lei processual civil, refutando a justificativa dos que o defendem, na perspectiva de favorecer às pessoas jurídicas estatais, ou seja, às fazendas públicas federal, estadual, distrital e municipal.

Assim sendo, buscou-se verificar se a referida dilação temporal e os mencionados privilégios, nos processos judiciais molestam ou não o direito do cidadão; se a delonga ostentada na lei ordinária não afeta frontalmente o histórico princípio constitucional da isonomia ou igualdade, preceito este contido no artigo 5º da Constituição Republicana de 1988.

Espera-se, portanto, e desde já, que o exposto trabalho possa contribuir para os debates e sucessiva modificação substancial na legislação pertinente, com a redução ou equalização nos prazos esticados das entidades fazendárias, excluindo-se, portanto, da norma jurídica tais privilégios legais.

De ressaltar que, ainda que o presente estudo proporcione, entre as pessoas, em qualquer lugar, um minúsculo debate, a respeito do tema ora discorrido, por menor que o seja, ficará o autor satisfeito, posto que os nossos objetivos estarão atingidos.

O tema analisado, apesar de bastante delimitado, ainda assim, não permitiu de imediato o aprofundamento pretendido, no entanto, o exame da matéria deu margem para a percepção do quanto injustos são, para os cidadãos, os privilégios legais atribuídos à Fazenda Pública.

Respaldados nas teorias e julgados dos tribunais pátrios, afinados com o tema, a pesquisa revelou-se, à evidência, que os prazos concedidos pela lei aos entes governamentais das quatro esferas públicas, não mais se justificam diante do princípio constitucional da igualdade, em razão da impopularidade que alcançam, assim como, pelo fato de que não mais se tolera a demora da prestação jurisdicional por conta de privilégios oferecidos pela própria norma jurídica ordinária aos órgãos do Estado.

Não sobejam dúvidas de que há uma impostergável e imperiosa necessidade de mudança no Digesto Processual Civil brasileiro, em tal aspecto, para que não se continue a confrontar preceitos constitucionais indispensáveis ao pleno exercício da democracia.

Portanto, e em ponderações finais, de acentuar que não se teve por perspectiva o esgotamento do tema, mas tão-apenas demonstrar que as regalias dos prazos fazendários no atual modelo de ordenamento jurídico, considerando a velocidade do mundo globalizado, perdeu de há muito a sua inteira razão de ser, devendo, contudo, prevalecer a igualdade entre as pessoas jurídicas governamentais – **fazendas públicas** – e pessoas físicas individuais – **cidadãos** – no processo.

De não se olvidar que outros privilégios de natureza legal beneficiam direta ou indiretamente o Estado, sendo certo que procuramos apenas elucidar exemplificativa algumas situações jurídicas esporádicas contidas na legislação, e não, a totalidade das então existentes.

Em arremate cabe dizer, que a relação isonômica entre todos é um dos pressupostos para a fundação do Estado Democrático de Direito, pelo que a este fato não se pode em nenhum instante perder de vista.

Referências:

AZAMBUJA, Darcy. **Teoria Geral do Estado**. 6 ed. Porto Alegre: Globo, 1976.

BASTOS, Celso Ribeiro. **Curso de Direito Financeiro e de Direito Tributário**. 3 ed. São Paulo: Saraiva, 1994.

BONAVIDES, Paulo. **Curso de Introdução à Ciência Política:** Formas de Estado e de Governo. 2 ed. Brasília: UnB, 1984, v. 3.

BUENO, Bartolomeu. **A Dicotomia:** Princípios / Regras na Constituição Brasileira. Diário Oficial do Estado de Pernambuco. Recife, 10.06.2003. p. 3. Cód. 1.

CINTRA, Antonio Carlos de Araújo; GRINOVER, Ada Pellegrini; DINAMARCO Cândido R. **Teoria Geral do Processo**. 10 ed. São Paulo: Malheiros Editores, 1994.

_____. **Constituição 1988**. Brasília: Centro de Documentação e Informação / Coordenação de Publicações da Câmara dos Deputados, 2000.

CUNHA, Leonardo José Carneiro da. **Inovações no Processo Civil:** Comentários às Leis 10.352 e 10.358/2001. São Paulo: Dialética, 2002.

DI PIETRO, Maria Sylvia Zanella. **Direito Administrativo**. 12 ed. São Paulo: Atlas, 2000.

ENGELS, Friedrich. **A Origem da Família, da Propriedade Privada e do Estado**. 3 ed. São Paulo: Global, 1986.

FERREIRA, Aurélio Buarque de Holanda. **O Minidicionário da Língua Portuguesa**. 4 ed. Rio de Janeiro: Nova Fronteira, 2000.

JÚNIOR, José Cretella. **Direito Administrativo**. Rio de Janeiro: Forense, 1999.

LÊNIN, Vladimir. **O Estado e a Revolução**. São Paulo: Hucitec, 1986.

LUCON, Paulo Henrique dos Santos. **Garantias Constitucionais do Processo**. 2 ed. São Paulo: Editora Revista dos Tribunais, 1999.

MALUF, Sahid. **Direito Constitucional**. 17 ed. São Paulo: Sugestões Literárias, 1985.

MEIRELLES, Hely Lopes. **Direito Administrativo Brasileiro**. 22 ed. São Paulo: Malheiros Editores, 1997.

MELO, Celso Antonio Bandeira de. **Curso de Direito Administrativo**. 5 ed. São Paulo: Malheiros Editores, 1994.

MORAES, Alexandre de. **Constituição do Brasil Interpretada e Legislação Constitucional**. São Paulo: Atlas, 2002.

MOTA, Sylvio; DOUGLAS, William. **Direito Constitucional**. 5 ed. Rio de Janeiro: Impetus, 1999.

NADER, Paulo. **Introdução ao Estudo do Direito**. 8 ed. Rio de Janeiro: Forense, 1993.

NEGRÃO, Theotonio. **Código de Processo Civil e Legislação Processual em vigor**. 28 ed. São Paulo: Saraiva, 1997.

NETO, Cândido Furtado Maia. **Quebra do Sigilo Telefônico, Bancário ou Fiscal**. Brasília. **Revista Prática Jurídica**, v. 4, n. 1, jul. 2002, p. 20-23.

NOGUEIRA, Paulo Lúcio. **Curso Completo de Processo Civil**. 4 ed. São Paulo: Saraiva, 1993.

PILLETI, Claudino. **Organização Social e Política Brasileira**. 8 ed. São Paulo: Ática, 1980.

SIDOU, Othon J. M. **Dicionário Jurídico da Academia Brasileira de Letras Jurídicas**. 2 ed. Rio de Janeiro: Forense Universitária, 1991.

SILVA, José Afonso da. **Curso de Direito Constitucional Positivo**. 9 ed. São Paulo: Malheiros Editores, 1993.

DADOS BIOGRÁFICOS:

O autor, Inácio Antonio Gomes de Lima, nasceu na cidade de São José do Egito, Pernambuco, na data de 22 de abril de 1960, e quando começou a escrever, adotou como nome literário INACIÊ GOMES, posteriormente INÁCIO CIÊ. Desde cedo se dedicou à leitura dos grandes clássicos, debruçando-se nos livros de Machado de Assis, José de Alencar, Monteiro Lobato, Castro Alves, Gustav Flaubert, Oscar Wilde e outros.

Dedicou-se ao magistério secundário da Rede Municipal de Ensino, por escassez de professores, entre os anos de 1983 a 1987, na cidade de Itapetim, em Pernambuco, onde vive atualmente desde os nove anos de idade, pelo que veio a lecionar, durante anos, as disciplinas de Língua Portuguesa e Literatura, Direito e Legislação, OSPB e Moral e Cívica, no Magistério (pela manhã) e no Curso de Contabilidade (à noite).

Em 1987 concluiu o curso de Letras na Faculdade de Filosofia e Letras de Patos-PB, e Especialização em Letras pela Autarquia de Ensino Superior de Arcoverde-PE. Nesse mesmo ano, submeteu-se e fez jus a concurso da Rede Pública de Ensino Básico do Estado de Pernambuco, pelo que passou a dedicar-se ao magistério estadual até outubro de 2021, quando então se aposentou.

Durante o tempo em que se debruçou no magistério, com muito esforço, fez o curso de Direito na Faculdade de Direito de Caruaru, tendo-o concluído em 1997, assim como, Especialização em Direito Processual Civil pela Universidade Potiguar de Natal.

De 1 de agosto de 2008 a 4 de maio de 2016, lecionou no curso de Direito das Faculdades Integradas de Patos – FIP, de Patos, Paraíba.

Em 2015 defendeu tese de Mestrado em Ciências da Educação na Universidade Lusófona de Humanidades e Tecnologias – ULHT, de Lisboa, Portugal.

Em paralelo ao magistério dedicou-se à política, tendo sido eleito Vereador em 1988, no entanto, decepcionado abandonou-a em 1992, *passando a dedicar-se integralmente ao magistério e à advocacia pública e privada. Assessorou várias Câmaras Municipais da região, na condição de assessor técnico e assessor jurídico; ocupou também os cargos de Assessor Técnico de Finanças, Secretário de Administração Geral e Procurador do Município do Governo Municipal local.*

Há tempos que se dedica à leitura e escrita dos mais diversos temas: direito, política, educação, literatura, filosofia e outros. Escreveu os seguintes livros:

1) **Direitos Humanos: sugestões para uma pedagogia de humanização na escola pública.**

2) **Direitos Constitucionais Fundamentais de Cidadania.**

3) **Direitos Constitucionais Sociais do Trabalhador de Cidadania.**

4) **Antes do Amanhecer (poemas).**

5) **A cor do incolor (poemas).**

6) **Poemas da Vida Cotidiana (poemas).**

7) **Inquietações da alma (poemas)**

8) **O mundo dos mudos que falam, dos cegos que veem e dos surdos que ouvem (ficção).**

EMAIL DO AUTOR:

iagdelima@yahoo.com.br